> 抓落实，从各级党委、政府和领导干部工作方面讲，就是抓党和国家各项方针政策、工作部署和措施要求的落实。落实到哪里去？就是落实到实践中去，落实到基层中去，落实到群众中去，使之成为广大党员、干部、群众的自觉行动，以确保党和国家确定的目标任务顺利实现。
>
> ——习近平

领导干部要善抓落实

LING DAO GAN BU YAO SHAN ZHUA LUO SHI

刘玉瑛　李桂秋◎著

中共中央党校出版社
The Central Party School Publishing House

图书在版编目（CIP）数据

领导干部要善抓落实／刘玉瑛，李桂秋著．—北京：中共中央党校出版社，2011.6
ISBN 978-7-5035-4476-7

Ⅰ．领… Ⅱ．①刘…②李… Ⅲ．领导学 Ⅳ．C933

中国版本图书馆 CIP 数据核字（2011）第 106650 号

领导干部要善抓落实

责任编辑	蔡锐华
版式设计	尉红民
责任校对	高 鹏
责任印制	王洪霞

出版发行	中共中央党校出版社
	（北京市海淀区大有庄 100 号）
邮 编	100091
网 址	www.dxcbs.net
电 话	（010）62805800（办公室） （010）62805818（发行部）
经 销	新华书店
印 刷	三河市华润印刷有限公司
字 数	108 千字
版 次	2011 年 6 月第 1 版 2011 年 6 月第 1 次印刷
开 本	700 毫米×1000 毫米 1/16
印 张	11.625
定 价	26.00 元

版权所有·侵权必究
如有印装质量问题，请与本社发行部联系

前　言

2011年3月1日，中共中央政治局常委、中央书记处书记、中央党校校长习近平同志在中共中央党校春季学期开学典礼上，发表了《关键在于落实》的重要讲话。

习近平同志在这一重要讲话中强调，抓落实是领导工作中一个极为重要的环节，是党的思想路线和群众路线的根本要求，也是衡量党员领导干部世界观正确与否和党性强不强的一个重要标志。

习近平同志要求，各级领导干部在抓落实中，必须牢固树立党的宗旨意识和正确政绩观；必须具有知难而进、锲而不舍的奋斗精神；必须发扬求真务实、真抓实干的优良作风；必须树立正确的用人导向和形成完善的工作机制。

这些"必须"为各级领导干部抓落实提供了重要的思路与方法，对于当前和今后党和国家各项工作的落实都有着非常重要的指导意义。

抓好落实，党和国家制定的路线、方针、政策才能贯彻到实际中去；抓好落实，党和国家制定的各项目标才能真正实现；抓好落实，党和国家的各项事业才能蓬勃发展；抓好落实，才能为人民群众解难事、解愁事，办实事，赢得民心，巩固党的执政地位。

既然抓好落实有着如此重要的意义与作用，那么，作为领导干部就不仅要身体力行去落实，还要责无旁贷地去狠抓落实，更要把握住根本善抓落实。

换句话讲，领导干部抓落实，既要有"想抓"的激情，"狠抓"的决心，还要有"善抓"的本领。否则，热情再高，决心再大，也会因为"本领恐慌"而将落实抓空。

正是基于这一原因，我们撰写了《领导干部要善抓落实》一书，力图从理论与实践结合的角度，对领导干部如何抓落实，怎样抓好落实的问题进行较为深入的分析与探讨，以期对领导干部抓落实，抓好落实，提供有益的帮助。

我们在撰写本书的过程中，国内外相关问题的专家、学者所撰写的著作论文，给了我们很大的启示，在此，我们谨向他们致以诚挚的谢意。

刘玉瑛　李桂秋

2011年4月11日

目录

一、领导工作离不开抓落实 / 1

（一）抓落实，是党和国家事业发展的客观要求

（二）抓落实，是密切联系群众的有效方法

（三）抓落实，是推进各项工作顺利开展的根本途径

（四）抓落实，是构成组织竞争力的关键要素

二、抓落实，是领导干部的基本职责 / 24

（一）抓落实，是领导干部肩负的重要历史使命

（二）抓落实，是领导干部讲政治的具体要求

（三）抓落实，是领导干部素质才能的综合体现

三、抓落实,要把握住根本 / 38

(一)把握根本,要牢记党的根本宗旨
(二)把握根本,要树立正确的政绩观
(三)把握根本,要对权力有清醒的认识

四、抓落实,要雷厉风行 / 48

(一)雷厉风行,是抓落实的作风要求
(二)雷厉风行,要令行禁止
(三)雷厉风行,抓好落实

五、抓落实,要坚持求真务实 / 55

(一)求真务实,要坚决反对形式主义
(二)求真务实,要坚决反对官僚主义
(三)求真务实,要坚决反对主观主义
(四)求真务实,要坚决反对弄虚作假

6

六、抓落实，要勇于负责　/ 64

（一）勇于负责，要强化责无旁贷的意识

（二）勇于负责，要强化自己的责任自己承担

（三）勇于负责，要有负责的勇气

（四）勇于负责，为抓落实增添力量

7

七、抓落实，要锲而不舍　/ 75

（一）锲而不舍，金石可镂

（二）锲而不舍，要咬定青山不放松

（三）锲而不舍，要不言放弃

（四）锲而不舍，要知难敢进

8

八、抓落实，要敢于碰硬　/ 82

（一）敢于碰硬，要敢抓敢管

（二）敢于碰硬，要勇于"亮剑"

（三）敢于碰硬，要练就碰硬的功夫

九、抓落实，要开拓创新 / 97

（一）开拓创新，抓落实的法宝
（二）开拓创新，要解放思想
（三）开拓创新，要培养创造力

十、抓落实，要一丝不苟 / 108

（一）一丝不苟，要认清"马虎"的危害
（二）一丝不苟，就要精益求精
（三）一丝不苟，就要严格认真

十一、抓落实，要打造团结协作的团队 / 121

（一）抓落实，必须打造团结协作的团队
（二）打造团结协作的团队需要明确的几个问题
（三）打造"大雁团队"，抓好落实

十二、抓落实,要创新人才动力机制 /130

(一)创新人才动力机制,树立正确的用人导向
(二)创新人才动力机制,辨识优秀落实型人才
(三)创新人才动力机制,为抓落实提供智力支持

十三、抓落实,要完善科学的制度机制 /135

(一)建立健全严格的目标责任制度
(二)建立健全严格的督办督察制度
(三)建立健全严格的奖惩追究制度

十四、抓落实,抓出成效的标准探讨 /143

(一)人民群众满意不满意
(二)是否达到了预定的目标
(三)是否推动了科学的发展

15

十五、抓落实,领导干部要有真本领 / 153

（一）注重读书学习,强化抓落实的意识
（二）加强道德修养,践行执政为民理念
（三）培养良好作风,提升抓落实的效能

16

十六、抓落实,领导干部要带头落实 / 165

（一）带头落实,重要的工作方法
（二）带头落实,要有行动力
（三）带头落实,要会正确行动

一、领导工作离不开抓落实

2011年3月1日,中共中央党校举行春季开学典礼。在开学典礼上,中共中央政治局常委、中央书记处书记、中央党校校长习近平同志发表了题为《关键在于落实》的重要讲话。

他在讲话中强调:"抓落实是领导工作中一个极为重要的环节,是党的思想路线和群众路线的根本要求,也是衡量党员领导干部世界观正确与否和党性强不强的一个重要标志。"这段话深刻地阐明了领导干部抓落实的重要意义。

作为领导干部一定要深刻认识抓落实的重要意义,全力以赴、责无旁贷地去抓好落实。

(一)抓落实,是党和国家事业发展的客观要求

高举中国特色社会主义伟大旗帜,以邓小平理论和"三个代表"重要思想为指导,深入贯彻落实科学发展观,继续解放思想,坚持改革开放,推动科学发展,促进社会和谐,全面建设小康社会,是我们党和国家未来事业发展的重要战略目标。

如何实现这一重要的战略目标？抓落实，是一个极其关键的环节。如果没有落实，这一战略目标再正确、再宏伟，也只能是纸上谈兵。正如无产阶级革命导师马克思所讲的："一步实际运动比一沓纲领更重要。"

首先，抓落实，党和国家制定的路线、方针、政策才能贯彻落实到实际中去。抓落实，是我党的优良传统和工作作风。我党历来重视理论与实践相统一，强调要一切从实际出发，实事求是，不折不扣地贯彻落实党所制定的路线、方针和政策。

早在1978年，邓小平同志《在全军政治工作会议上的讲话》中就指出："这次全军政治工作会议，是一个团结的会议，胜利的会议。要贯彻落实好这次会议精神，在座的同志是责无旁贷的，但更重要的是各级党委、政治委员要加强领导，亲自动手，狠抓落实。"

江泽民同志也曾经指出："决策的制定和实施方案的部署，事情还只是进行了一半，还有更重要的一半就是要确保决策和部署的贯彻落实。"

这些讲话实质上是阐释了认识与实践的关系。党和国家制定的路线、方针、政策，是根据实践而取得的理性认识，是认识的高级阶段，是对客观规律的总结。但是，这种理性认识，即制定出来路线、方针、政策不是花瓶，仅供人观赏的，而是要把它应用到实践当中去指导实践，去解决问题。这就是落实。没有落实，再完善的路线、方针、政策也只是一纸空文，终究不会发挥它应有的作用。例如：

近期，各地房价上涨过快。为了遏制房价上涨过快给老百姓带来的生活压力，2011年1月，国务院出台了"新国八条"房地产调控政策。

该政策第六条规定，各直辖市、计划单列市、省会城市和房价过高、上涨过快的城市，要从严制定和执行住房限购措施。

第七条规定，未如期确定并公布相关措施的省（区、市）政府，将对相关负责人问责。根据规定，二月中旬前必须出台"限购令"。

可是，截止到2011年2月22日，全国仅有15个城市和一个省出台了限购措施，而这一数据与规定的"各直辖市、计划单列市、省会城市和房价过高、上涨过快的城市"相差甚远。所以，这表明全国大部分城市未按规定期限出台限购措施。

可见，党和国家制定的政策需要在实际中按照中央的指示去落实，如果得不到落实，就等于一纸空文。

其次，抓落实，党和国家制定的各项工作目标才能得以实现。党和国家事业的发展，不同阶段有着不同阶段的发展目标。这种目标的制定，不是为了制定目标而制定。它是需要通过抓落实来实现的。如果不能实现，就只能是一个空头支票。那么，这一目标再好，也是没有用处的。如果狠抓落实，就能实现预定的目标。

1987年10月，党的十三大提出了中国经济建设分"三步走"的总体战略部署。根据这一战略部署，要实现以下三大目标：

第一步目标：1981年到1990年实现国民生产总值比1980年翻一番，解决人民的温饱问题；

第二步目标：1991年到20世纪末国民生产总值再增长一倍，人民生活达到小康水平；

第三步目标：到21世纪中叶人民生活比较富裕，基本实现现代化，人均国民生产总值达到中等发达国家水平，人民过上比较富裕的生活。

在党中央的正确领导下，在各级党组织和领导干部的带领下，经过全国各族人民的共同努力，前两步发展战略已经得到实现，现在正在朝着第三步发展战略前进。

这些目标为什么能够得以实现？就是因为各级党组织和领导干部扎扎实实抓落实的结果。

1978年，党的十一届三中全会以后，党中央确立了对内改革，对外开放的基本国策。

对内改革，先从农村开始，打破长期实行的"大锅饭"，实行家庭联产承包责任制和统分结合的双层经营体制。把土地承包给农民，实行承包到户，农民有了经营自主权，这大大增加了农民生产的积极性。农村经济很快得到了发展，农民生活水平有了很大的提高。

随着农村改革的成功，改革的重点转向了城市。对国有企业、商业企业、城乡集体企业和乡镇企业进行改革，逐步扩大企业自主权，实行所有权和经营权分离和建立现代企业制度等，经过不懈的努力和探索，逐步打破了旧的经济体制，初步建立了社会主义市场经济体制，即以公有制为主体、多种所有制经济共同发展的基本经济制度。城市改革，搞活了企业，搞活了城市经济。

对外开放也逐步展开。1979年，党中央、国务院批准广东、福建在对外经济活动中实行"特殊政策、灵活措施"，并决定在深圳、珠海、厦门、汕头试办经济特区。1988年又增加了海南经济特区。1984年4月，党中央和国务院又决定进一步开放大连、秦皇岛、天津、烟台、青岛、连云港、南通、上海、宁波、温州、福州、广州、湛江、北海这14个港口城市。逐步兴办起经济技术开发区。从1985年起，又相继在长江三角洲，珠江三角洲，闽东南地区和环渤海地区开辟经济开放区。1990年，中央正式批准上海市开发和开放浦东新区，沿长江开放一批城市。1992年，邓小平南巡，发表了重要谈话，以此为标志，中央又决定开放一批有条件的沿边境城镇和全国内陆各省的省会、自治区首府，加快内陆省、自治区对外开放的步伐。至此，我国形成了"经济特区—沿海开放城市—沿海经济开放区—广大内陆"多层次的对外开放基本格局。

正是这些措施，使我国的经济建设蓬勃发展，从而推动了"三大目标"的实现。

由此可知，只有抓落实，只有把工作落实到实际中去，党和国家制定的目标才能实现。

第三，抓落实，党和国家的各项事业才能得到蓬勃发展。建国以来，我们党和国家的事业蓬勃发展。从第一台"解放"，到贫油的帽子扔进太平洋；从长江天堑变通途，到高峡出平湖；从蘑菇云升腾，到《东方红》乐曲绕太空；从胰岛素的人工合成，到籼型杂交水稻的培育成功；……每一步，都在世界文明史上写下浓重的一笔；每一步，都为人类进步史竖下坚实的丰碑；每一步，都是各级党组织、领导干部抓落实的功效。这里，我们不妨来回顾一下这些蓬勃发展的成就。

一是从弱到强的民族工业。新中国成立前，我国的民族工业，弱小得可怜。不仅脚上穿的袜子是舶来品，就连普通的火柴、铁钉都得从外国进口，更不用说汽车、轮船了。因此，当时的许多工业品的名字都冠以"洋"字，什么洋火、洋钉、洋油、洋袜，可以说是无物不"洋"。

然而，仅仅经过短短的几十年，我国的民族工业却从弱到强，从小到大，有了突飞猛进的发展。比如，汽车制造业。

钱钟书在《围城》里，曾对中国抗战时期的汽车作过这样的描写："这辆车久历风尘，该庆古稀高寿，可是抗战时期，未便退休。机器是没有脾气癖性的，而这辆车倚老卖老，修炼成桀骜不驯、怪僻难测的性格，有时标劲像大官僚,有时别扭像小女郎,……它开动之际,前头咳嗽,后面泄气,……走的时候,门窗无不发抖。……"钱钟书老先生描写的汽车,不仅是抗战时期中国汽车的状况,整个旧中国,中国的汽车都是这个样子。破旧得像害了疟疾的病人,不小心伺候着,就再也上不了路。然而,就这些"核桃酥"似的破车,还没有一辆是咱们中国人自己制造的,都是从外国进口来的,以至于人称中国为"万国汽车博览会"。

新中国成立后,党和政府决定改变这种落后状况,在长春建立第一汽车制造厂,生产咱们自己的汽车。科技人员和工人经过三年的艰苦奋战,终于生产出了第一辆载重为四吨、最高时速为60千米的解放牌货车。

"解放"牌汽车的成功制造,标志着我国机械制造工业走上了一个新的台阶。

旧中国的机械制造工业基础非常薄弱。从1865年清朝政府在上海开办江南机器制造局算起,到1949年新中国成立前,只有少数几个城市有一些小型机械工厂,而这些工厂只能修修配配和生产一些简易的产品。

新中国成立60多年来,我国的机械工业,已经发展成为门类齐全,具有一定规模和水平的工业部门。为农业、工业、交通运输、国防、科研等国民经济各部门,提供了大量的技术装备。

二是生机勃发的现代农业。多年前,有人曾对世界人口和中国人口做过这样的计算：说是如果把全世界50亿人按50公分一个排列，可用6个半纵队排到月球去。而其中12亿人口的中国占这些纵队的一队半还多；若是把这一队半还多的人改为绕地球赤道排列，可排出14队；若改为从广州到北京排列，可排出304队，而且不足3年，又将会增加一队。

与众多的人口相比，中国的土地又少得可怜，仅占世界耕地面积的百分之七。这巨大的反差，使得国外一些预言家们预言"中国人永远也不会填饱肚子"。日本颇有影响的《读卖新闻》还评论说："中国每年出生的人，相当于一个东京都的总人数；这样罕见的人口压力如果不能解决，制定任何美妙的经济计划，大概也只是画饼充饥。"

然而，他们错了。他们的预言只适用于旧中国，而在中国共产党领导下的新中国，这一预言只能惨遭破灭。中国在不到世界耕地百分之七的土地上，养活了将近世界人口总数四分之一的人口。13亿中国人不仅消灭了贫穷，得到了温饱，而且正在逐步富裕起来。这是世界上带有任何政治观点的人都不得不承认的事实，难怪联合国秘书长说："养活10亿人是一个大奇迹"。是的，的确是一个大奇迹。

三是日新月异的科学技术。"四大文明"的发现，使中国在世界科技史上着实风光了若干年。但时光推移到了近代，中国的科学技术却越来越跟不上世界科技前进的脚步。当英国的斯蒂芬森驾驶着火车向达林顿方向驶去的时候，咱们中国的老祖宗们，却推着独轮车在泥土路上一步步地慢行；当美国的爱迪生用电灯光照亮黑夜的时候，咱们中国的老祖宗们，却还在用松明、蜡烛来驱散黑暗。然而，当历史的时针指向公元1949年10月1日之后，这段令人难以启齿的时光便不再暗淡了，它又重新充满了光明。这光明让全中国人民自豪，让全世界的炎黄子孙扬眉吐气。

罗布泊上空的蘑菇云。1964年8月16日15时，空旷而寂静的罗布泊上空，突然出现了强烈的闪光，闪光过后，一个巨大的火球腾空而起，冲击波像飓风一样迅速地扫向四周，随之而来的是山崩地裂般的轰鸣。雪白的烟雾在空中翻卷，褐黄的尘柱从地上涌起，烟雾与尘柱交融在一起，形成了一朵蘑菇云状的烟云，……

"成功了！我们成功了！"

整个观察所一片欢腾。人们欢呼着，跳跃着，相互握手热烈庆贺。

张爱萍将军用激动得有些颤抖的手，抓起通往北京的电话："我是张爱萍，报告总理，我们成功了，原子弹爆炸成功了！"

是的，我们成功了！我们的原子弹爆炸成功了！这是震惊世界的惊雷，这是永垂史册的丰碑。它向全世界庄严宣告：中国有了自己的核武器，再也不受拥有核武器的霸权主义国家的威胁了。

《东方红》乐曲绕太空。1970年4月24日，浩瀚的天空中突然多了一颗明亮的星星。奇怪的是，这颗在深邃的夜空中徐徐移动的星星还能发出清脆悦耳的《东方红》乐曲声。这是怎么回事呢？原来，这是一颗人造卫星。这颗人造卫星名为"东方红1号"，是咱们中国人自己研制发射的。"东方红1号"卫星直径为1米，重量为173千克，每114分钟就绕地球一周。

近些年来，我国的航空航天事业更是蓬勃发展。2003年10月15日北京时间9时，杨利伟乘由长征二号F火箭运载的"神舟五号"飞船首次进入太空，就是明证。

四是蓬勃发展的教育事业。尽管咱们中国在两千多年前就出现过著名的教育家孔子，但是，在新中国成立之前，中国却是一个文盲的国度。有着4亿人口的大国，80％以上的人是文盲。小学入学率不到20％，初中入学率仅为6％，高等教育在校学生为12万人，各级各类教育专任教师总数为93万人。当时，每万人中才有3位大学生，38位中学生，486位小学生。

而如今，据教育部副部长郝平介绍："中国的青壮年文盲率降低到了3.58％，全国小学净入学率达到99.5％，初中毛入学率达到98.5％，中国高等教育的规模已跃居世界第一。全国普通高校共2263所，每年招生600多万人，全日制在校生2000多万，毛入学率达到了23.3％。全国在校学生总数达到2.6亿人，各级各类教育专任教师总数1463万人。2008年在中国留学的外国留学生已经超过了22万人,中国出国留学人数近18万。"①

五是四通八达的交通运输。读过《水浒传》的读者都知道,梁山108将中有个名叫戴宗的神行太保,说是他把两个甲马拴在腿上,作起神行法来,一日能行五百里;把四个甲马拴在腿上,一日能行一千里。

在当时,"日行千里"被称之为神话,现在,这一神话早已变成了现实。不过,人们靠的不是"甲马",而是现代化的交通工具——水中的轮船,空中的飞机,陆上的汽车、火车。今日蜀道不再难,天堑早已变通途。

这些成就的取得,每一项都是落实、都是抓落实的成果。如果没有落实,宏伟目标只能是神话。

总而言之,我们共产党人的历史使命,不仅在于认识世界,更重要的在于改造世界。如果只是认识世界,而不能有效地改造世界,那么,再好的目标都是没有意义的。

因此,要实现全面建设小康社会的战略目标,推进党和国家事业的发展,必须抓落实。

(二)抓落实,是密切联系群众的有效方法

密切联系群众,是我党的优良传统和作风,是党的根本工作路线。《党章》明确规定,党在任何时候都把群众利

---

① 《我国教育取得辉煌成就 加速建设人力资源强国》,《中国教育报》2009年9月29日。

益放在第一位，同群众同甘共苦，保持最密切的联系，坚持权为民所用、情为民所系、利为民所谋，不允许任何党员脱离群众，凌驾于群众之上。党在自己的工作中实行群众路线，一切为了群众，一切依靠群众，从群众中来，到群众中去，把党的正确主张变为群众的自觉行动。

不知读者是否看过电影《风雨下钟山》，在这部影片里，有这样一个镜头：以周恩来同志为首的中国共产党代表团与以张治中为首的国民党代表团在北平举行谈判。在谈判接近尾声的时候，传来了中国人民解放军占领南京的消息。

张治中低头叹道："这是天意如此！"听了张治中的话，周恩来同志立即予以严肃地更正："不，是民意如此！"

周恩来同志的回答，揭示了这样一个真理：民心向背是国家、政党生死存亡的关键。国民党失去了民心，所以，灭亡绝对是必然的。陈毅同志就说，"淮海战役的胜利，是群众用手推车推出来的。"

同时，这个镜头也回答了，我党为什么要密切联系人民群众。密切联系人民群众，才能获得人民群众的拥护和支持，才能具有强大的生命力，才能具有力量的源泉，才能具有战胜各种困难的力量和智慧。如果脱离了人民群众，则将一事无成。"水能载舟，亦能覆舟。"

那么，如何密切联系群众？途径是多种多样的，但抓好落实，是一个重要而有效的方法。

首先，抓好落实，才能赢得人民群众的信任和支持。

领导干部要密切联系人民群众，赢得人民群众的信任，必须真抓党的路线方针政策的落实。

焦裕禄为什么会受到兰考人民的信任、爱戴、拥护和支持，原因是多方面的，但抓好党的路线方针政策的落实，则是一个非常重要的原因。

工作靠真抓，事业靠实干。一个弄虚作假、光说不练的领导干部是不能获得人民群众的信任和支持的。

其次，抓好落实，人民群众的难事、愁事、实事，才能得到解决。领导干部要密切联系人民群众，获得人民群众的认可、信任和追随，就得顺民心，急民需，谋民利，为人民群众解决难事、愁事，办好实事。比如吴天祥，他为什么受到人民群众的热爱，与人民群众保持着密切的联系？一个重要的原因，就是他能始终把人民的利益放在首位，为人民群众解难事、愁事，办实事。

人们常说"好汉难干信访官"。但是，就有这样一位好汉将信访官干得有声有色。他就是武汉市武昌区信访办副主任吴天祥。

1990年11月，46岁的吴天祥被任命为武汉市武昌区信访办副主任。听说吴天祥要到信访办走马上任，亲朋好友就像事先商量好了一样，齐声反对：信访办是"清水衙门"，要"油水"没"油水"，要权力没权力，而且，成天跟鸡毛蒜皮、哭天抹泪、扯皮打架的事打交道，别说解决问题，就是听着，都让人头皮发麻，心里发烦。

吴天祥不顾亲朋好友的反对，毅然走上了信访工作的领导岗位。因为他有着自己的认识：民之难就是党之忧，作为党的干部，就是要为党分忧，为民解难。因此，百姓鸡毛蒜皮的事虽小，也是大事；哭天抹泪的事虽烦，也要有人去解决；扯皮打架的事虽难，也要有人去管。他决心用自己的满腔热情，去解决群众的困难，去履行一个党员干部的神圣职责。

1991年4月的一天，马道门街三义村几位居民来到信访办上访。原来，三义村一带共有270多户居民，这些居民长期公用一个用土墙、破砖垒成的简陋厕所。因为使用的人太多，这个厕所是晴天臭气熏天，雨天粪水横溢，而且有些居民上厕所还要翻一道小山坡，跑一里多路。

吴天祥耐心地倾听了上访者的述说，随即冒雨来到三义村。当他看到厕所周围那横溢的粪水，心里很不是滋味："方便"的事不方便，群众能没有意见吗？他立即把区环卫部门的领导同志找来，希望他们能在半山腰修建一个公厕。

谁知，环卫部门的领导为难地说："厕所是该修，但修座公厕要2万多元钱。我们现在没有这笔资金，等着吧！"

"不能再等了！"吴天祥掏出100元钱塞到居委会主任徐金荣手里，留下一句话："我们自己动手建。"几天后，他又出资500元购买了18节水泥管道送到工地。周围的群众被他的行为深深地感动了。大家有钱的出钱，有物的出物，一个多月后，一座崭新的公厕建成了。群众露出了笑脸，人们称它为"爱民厕"。

吴天祥常说，人不伤心不落泪，人无难处不上访。群众上访说明他们信任党和政府，这是送上门的群众工作，我们应该以极端负责的态度做好每一项工作，接待好每一个上访的群众，为党和政府排忧，为人民群众解难。正是这种对党、对人民负责的工作态度，使得他把每一件难事都尽心尽力地做好，用自己的实际行动在党和群众之间架起一座"连心桥"，用自己的实际行动给党和政府排了忧，用自己的实际行动给人民群众解了难，用自己的实际行动抓好了党的路线方针政策的落实。

1993年春，武昌区解放路252号的一家企业宿舍区的一居民院，通向公厕化粪池和下水道的管道堵塞了。粪水漫出地面溢满了院子，居民们只好搭跳板出入。居民多次向企业反映，但管道堵塞了一个多月，问题也没有解决。居民们听说吴天祥总是为群众排忧解难，便试着找到区信访办。按说企业自管房不属于区政府负责范围，吴天祥完全可以推托。但吴天祥没有这样做。他迅速赶到现场走访察看，随即又请来消防队帮忙疏通。

他率先趟过粪水，掀开窨井。一看，下水道口被泥堵死了，高压水枪根本插不进去。怎么办？面对蛆虫蠕动，恶臭熏天的窨井，吴天祥没有犹豫，他纵身跳进齐胸深的窨井中。他先是用脚踹，不行；他接过高压水枪往里喷，但距离远，使不上劲；他索性屏住呼吸，猫下腰，摸索着将高压水枪往管道口里捅。

消防高压水枪启动了，瞬间喷出的粪水"哗"地溅满了吴天祥一身一脸，几股迎面而来的粪水使他连呛了几口，恶心得他呕吐不止……

管道终于通了。居民们感动得泪水盈眶。吴天祥用他的行为，赢得了人民群众的信任与好评。2007年8月13日，湖北省文明办收到一封密密麻麻写满群众签名的推荐信，211名群众联名推荐吴天祥同志为"全国道德模范"。

70多岁的老人张义来到武昌区政府办公室激动地对工作人员说："20多年来，老吴每天6点上班，了解民情，了解群众困难，一心为老百姓办实事，办难事，一天工作十几个小时，真正做到了群众面前无小事，这样的人不当全国道德模范谁当呢？"

第三，抓好落实，才能赢得民心，巩固党的执政地位。著名学者周殿富先生在他所著的《领袖政治学》一书中，曾经说过这样一句话："伟大人物总是瞻望未来，人民大众倾心的是现实生存"[1]。这句话说得非常深刻。

古人云："得民心者得天下，失民心者失天下"。什么决定民心的向背呢？简单说来，一句话，利益、需求的得失，决定着民心的向背。

---

[1] 周殿富：《领袖政治学》，吉林人民出版社2007年版，第55页。

李自成一喊出"闯王来了不纳粮"的口号,天下的穷苦百姓就揭竿而起,支持他建立了大顺王朝;洪秀全一提出"有田同耕,有饭同食,有衣同穿,有钱同使"的主张,农民起义便如火如荼地开展起来,拥戴他建立了太平天国。

中国共产党发动农民群众起来闹革命的政治宣传口号,也是"打土豪,分田地"。正是这"六个大字",唤起了中国广大的劳苦大众,他们在这种能得到实际利益的过程中,义无返顾地跟着中国共产党去浴血奋战,直到取得革命的最后胜利。

对此,马克思曾经深刻地指出:"人们奋斗所争取的一切,都同他们的利益有关"。

民心并非难得,关键看你怎么样去做。作为一个执政党,作为执政党的领导干部,必须要抓落实,把党和国家的方针政策都落实到实际中去,心系人民,想人民之所想,急人民之所急,真正为人民谋利益,才会得到人民的支持和拥护,才会赢得民心。而那些说得多,做得少,光说不练的领导干部,怎么能联系群众,又怎么能赢得民心?

(三)抓落实,是推进各项工作顺利开展的根本途径

抓落实,不仅是党和国家事业蓬勃发展的客观要求,是密切联系群众的有效方法,也是各级领导干部扎实有序推进各项工作的根本途径。

俗话说："工作部署有千招万招，不抓落实也是没招；规章制度有千条万条，不抓落实也是白条。"推进各项工作，离不开抓落实。

首先，只有抓落实，才能扎实有序地推进各项工作。扎实有序地推进各项工作，离不开抓落实。而要做到这一点，必须要深入实地进行调查研究。没有这种态度，就会浮在上面，坐在机关里，满足于听汇报，部署工作；得意于主观臆想，安排工作。这样做的结果，是无法推进各项工作健康开展的。

胡耀邦同志高度重视深入实际调查研究的意义。在一次外出视察途中，他曾经对几位随行人员说，经常到下面走一走、看一看，增加点感性知识是非常重要的。一千个感性知识才能上升为一个理想知识。对担负领导工作的人来说，最大的危险就是脱离实际。如果轻视感性知识、理性知识不同感性知识相结合，那是很危险的。要经常到下面跑跑，了解新情况，研究新问题，重视感性知识的积累，这样，思想才不会停滞。

"中国地域广大、幅员辽阔，有2200多个县，胡耀邦同志曾立志走遍全国的每一个县。在他担任总书记期间，从1981年7月到1987年1月，67个月，2010天，他利用一切机会深入实际，了解下情，以平均每年跑五六十个县的记录，走访了全国数百个县，加上担任总书记之前到过的地方，他总共去过1600多个县。他特别关注少数民族地区的发展，访问过全国 5 个少数民族自治区，全国 30 个少数民族自治州他去过 28 个。他曾三次访问新疆，走遍了新疆所有 14 个地、州、市。他六次到广西，跟广西各族人民建立了深厚情谊。他两次上青藏高原，亲切会见那里的藏、回、蒙、土、撒拉等各族群众……其他各省区，凡是有少数民族聚居的地方，他都千里迢迢，不辞辛劳，到他们中间去了解情况。胡耀邦曾打算看遍全国的石油基地，从 1982 年开始，他先后看望了大港、大庆、中原、克拉玛依、长庆、胜利六个油田。胡耀邦惦记着祖国最前沿的哨卡，他去过中苏边境的巴克图哨所、西沙群岛的永兴岛、中蒙边境的二连哨所、北疆的边陲重镇塔城、海南岛最南端的崖县，以及云南和广西边境的崇山峻岭……可以说，他几乎走遍了全国大地。"①

　　胡耀邦同志深入各地进行考察，为的是了解实际情况，为中央更好的推进各项工作做充分的准备，同时也为各地人民实地解决了很多困难。

　　邓小平同志也很注重调查研究，1992 年南巡的时候，他已经是 80 多岁的老人，他到武昌、深圳、珠海、上海等地，发表了重要的南巡谈话，对于进一步推进改革开放，做出了重大的贡献。

　　作为中央总书记的领导同志，尚且如此，我们的各级

---

　　① 杨春贵：《中国共产党实事求是 100 例》，中共中央党校出版社 2003 年版，第 136—137 页。

领导干部们更应该多下基层走走，看看下面的情况，了解民情，关心百姓的疾苦。如果整天坐在机关里，是难能把党的路线方针政策落到实处的。

其次，只有抓好落实，才能达成预期的工作目标。北京香山宾馆是著名华裔建筑师贝聿铭先生设计的。然而，这座宾馆建成之后，贝聿铭先生再也没有去看过。

这是为什么？原来，在当初的设计中，贝聿铭先生对宾馆内外每条水流的流向、大小、弯曲程度等，都有精确的规划；对每块石头的重量、体积的选择以及什么样的石头叠放在何处等都有周详的安排；对宾馆中不同类型鲜花的数量、摆放位置，随季节、天气变化调整等都有明确的说明。可谓匠心独具。

但是，工人们在建筑施工的时候对这些"细节"毫不在乎，根本没有意识到正是这些"细节"方能体现出建筑大师的独到之处。他们随意改变水流的线路和大小，搬运石头时也不分轻重，在不经意中"调整"了石头的重量甚至形状，石头的摆放位置也是随随便便。

看到自己的精心设计被无端演化成这个样子，贝聿铭痛心疾首，认为这是他一生中最大的败笔。因此，他便选择了不再光顾。[①]

上面的故事说明，预定工作目标的实现，离不开抓落

---

① 王伟涛：《执行重在到位 关键在于落实》，中国纺织出版社 2009 年版，第 5 页。

实。贝聿铭预定的建筑目标为什么没有实现，就是因为抓落实的工作出现了偏差。

联系现实中的领导工作，我们每一项工作都有一定的方针政策作指导，都要求达到一定的目标。但有的时候，我们根据上级的指示，在开展工作的时候却出现了这样那样的偏差，而导致偏差的一个重要的原因，就是没有不折不扣地抓好落实。

（四）抓落实，是构成组织竞争力的关键要素

什么是竞争力？学术界有不同的答案。但我赞同"差异化优势"这种说法。

所谓"差异化优势"，简单说来，就是你的优势是别人所没有的。比如说，当其他企业不重视质量管理时，你的企业重视质量管理，企业生产的产品质量过硬，你的企业就有竞争力。

抓落实，是构成组织核心竞争力的关键因素。事实上，现在各单位、各部门不缺规章制度，不缺计划目标，缺的就是根据实际抓好落实取得成效。

既然缺的就是根据实际抓好落实取得成效，那么，哪一家单位的领导干部能抓好落实取得成效，这个单位就有"差异化优势"，就有竞争力。

我曾经到过北京房山的韩村河进行调研。这是一个京郊亿元村。在那里调研时，我感触颇深：同样是党的富民

政策,同样是房山人,同样是房山的土地,为什么韩村河能成为京郊亿元村,其他的地方与之相比有着很大的差距?

原因固然很多,也不否认某些客观条件的差别,但我认为,最关键的是韩村河的领导对党的富民政策落实得好。正因为他们对党的富民政策落实得好,所以与其他地方相比,他们有着很强的竞争力。下面的事实也为我的观点提供了佐证:

搜狐本是一家老牌门户网。2005年,它成为2008年北京奥运会赞助商;2006年,它又有多个"重量级"的举动:获得2006年世界杯的视频版权,成为NBA.com/China官方合作伙伴。

然而,《2007中国互联网调查报告》显示,搜狐的"用户覆盖率"居然跌出三甲之列,在门户领域的竞争中不进反退。(传统门户"老大"新浪的用户年到达率即"用户覆盖率"为55.53%,居首位,紧随新浪之后的是网易和腾讯)

这是为什么?《互联网周刊》资深记者董晓常深入研究后得出结论:问题出在"落实力"方面。

他分析说:"一个可以对比内容部门执行力的事件是,新浪先后凭借自己的影响力获得了国际米兰和切尔西的官方资源,这显然和搜狐重金购买资源的做法形成鲜明反差。用影响力谈资源和花重金买资源完全是两种不同的竞争方式。而这两种方式在本质上不是做事方法的不同,归根结底是落实力的不同。"

"世界杯之前的 2006 年第一季度，搜狐的广告收入达到 2010 万美元，仅比新浪的 2220 万美元少 210 万美元，这几乎是近几年中搜狐取得的与新浪最接近的成绩。然而仅仅一个季度之后，搜狐和新浪的广告收入差距扩大到 670 万美元。三个月的时间几乎来不及发生一些什么大事情，唯一的解释便是落实力出了问题。

不仅是销售部门，搜狐内容部门的落实不力问题实际上已经开始凸显。自从前任总编辑李善友离职后，搜狐编辑部门的落实力似乎就一直问题重重。这使得身为搜狐董事局主席的张朝阳不得不在 2006 年底宣布亲自担任搜狐总编辑一职。"[1]

显而易见，能否抓好落实，决定着一个地区、一个部门、一家企业的竞争力。

同样是管理，为什么会导致两种结果？关键就是落实是否有力。企业管理和领导工作是一样的，只有抓好落实，才能出成绩，才能增强本地区、本部门的竞争力。

---

[1] 转引自陈国明：《责任关键在落实》，石油工业出版社 2009 年版，第 12—13 页。

二、抓落实，是领导干部的基本职责

领导干部有各种各样的职责。但从领导的一般过程上讲，领导干部的基本职责主要有两项：一是做出决策；二是抓好决策的落实。正如中国人民大学附属中学校长刘彭芝所言："校长抓工作，着眼点和着力点均应放在两头。一头是事前出思路、做计划、定目标，另一头就是事后检查抓落实。"

抓落实，是领导干部的一项基本职责。所谓职责，就是职务上应尽的责任。既然是职务上应尽的义务，那么，如果不抓落实，或者抓不好落实，就是没有履行好职责，也就不是一个合格的领导干部。为什么这样讲？这是基于以下的原因：

（一）抓落实，是领导干部肩负的重要历史使命

领导干部是我党执政治国的骨干力量，肩负着带领人民群众推动科学发展，促进社会和谐，全面建设小康社会

的重要历史使命。而这一重要历史使命需要通过抓好落实来实现。

首先,领导干部要准确把握肩负的历史使命,始终站在时代前列。党的十六届四中全会指出:"无产阶级政党夺取政权不容易,执掌好政权尤其是长期执掌好政权更不容易。党的执政地位,不是与生俱来的,也不是一劳永逸的。我们必须居安思危,增强忧患意识。"

作为党的领导干部,作为社会主义事业的领导者、组织者,要时刻牢记自己身上所肩负的历史使命。尤其是在当前,社会主义现代化建设的新时期,面对国内外的新情况、新挑战,要更加明确自身的重任。

从国际上来看,和平和发展依然是当代的主题。但是,无论从和平还是发展的角度来说,我们仍然面临着前所未有的挑战。

就和平的角度来说,局部冲突和摩擦不断。一些地区和国家,战乱依然存在,威胁着世界的和平。世界多极化不可逆转,国家之间的摩擦和争议时有发生。如何在复杂的国际环境中,在维护好国家利益的基础上,处理好与各国的关系,这是一项摆在我们面前的艰难的任务。

就发展的角度来看,面临着困难和挑战。世界科学技术的发展日新月异,经济全球化深入发展,人民的生产生活方式和思维方式随之发生了改变。世界经济和社会格局发生了深刻的变革和调整。当今,在各个国家都饱受世界金融危机的影响下,世界经济依然处于从低迷到复苏的缓慢发展时期,如何在这样的艰难背景下,克服重重困难,努力发展自己,不断增强本国的经济实力和竞争力,也是摆在各级领导干部面前的又一项艰难的任务。

从国内来看,党的十六大确立了全面建设小康社会的奋斗目标。党的十六大进一步明确提出:到建党100年时,把我国建成惠及十几亿人口的更高水平的小康社会;到建国100年时,人均国内生产总值达到中等发达国家水平,基本实现现代化。我们的小康社会目标,是涵盖了经济、政治、文化等的全面的奋斗目标。这是赋予中国共产党人的庄严的历史使命。如今,经过几年的努力,虽然我们取得了一些成果,但是,还存在很多问题。我们当前所达到的小康还是低水平的、不全面的、发展很不平衡的小康。

说它是低水平,是因为,我们才刚刚踏进小康的门槛,仅相当于温饱型的生活水平。2010年,我国超过日本成为世界第二大经济体,但是,这只是从总体上来说的,而从人均收入上来比较的话,我们的人均收入仅是日本的1/10。

说它不全面,是因为,小康社会是涵盖了经济、政治、文化全面发展的社会。但是目前,我国民主法制、社会管理、教育医疗、文化和科技、生态环境等方面都需要进一步发展,都需要进一步的改善和提高。因此,当前还不能称之为全面的小康社会。

说它不平衡，是因为，目前，经济发达地区和欠发达地区之间、工农之间、城乡之间、不同的社会阶层之间，生活水平等各个方面都还存在着一定的差距。

此外，国内正处于高速发展期，在经济快速发展的同时，也使得许多的社会矛盾凸显。如，贫富差距的增大、失业人口的增多、生态环境的恶化、社会利益关系的复杂化等，使得社会的矛盾加剧。

面对着国内外的各种复杂情况，作为党执政骨干力量的各级领导干部需要顺应世界潮流，坚持与时俱进，准确把握自身所肩负的历史使命，始终站在时代的前列，带领全国人民，真抓实干，为实现全面建设小康社会和社会主义现代化的宏伟目标而努力奋斗。

其次，领导干部所处的特殊位置，决定了他必须抓落实。中国共产党在社会主义现代化建设中处于核心地位，她在国家中的核心地位是在近90年的光辉实践中形成的。而作为党的领导干部，是党的事业的骨干，是实现党的伟大事业的核心力量。所以，当前，在全面建设小康社会的社会主义现代化建设中，他们承担着指挥者和组织者的重任。

邓小平同志说："中国一向被称为一盘散沙，但是自从我们党成为执政党，成为全国团结的核心力量，四分五裂、各霸一方的局面就结束了。只要我们党的领导是正确的，那就不仅能够把全党的力量，而且能够把全国人民的力量集合起来，干出轰轰烈烈的事业。"①

党的核心地位确立了，那么，怎样在党的正确领导下，把全国人民的力量集合起来，干出一番轰轰烈烈的事业？一句话，领导干部要抓好党的路线方针政策的落实。光说不练，空口说白话，肯定不行。

我国幅员辽阔，民族众多，情况复杂。作为党的各级领导，担负着本地区、本部门持续、快速、健康发展的重任。领导干部所处的特殊位置，要求他们必须抓落实、抓好落实，否则，党和国家的战略目标就无法实现。

所以，各级领导干部要把握好政策，抓好落实。一个地方，发展的快与慢，除了决策的因素，最重要的就是当地领导干部的工作作风和实干精神。作为领导干部，要带头去做。根据上级的指导，根据当地的实际情况，认真做好工作部署，带头落实，以身作则，做好示范。而且工作安排好后，要落实责任。定期督促检查工作，查看各个环节的落实情况。绝不能只部署，不过问。

把各项工作落在实处，把本地区、本部门的工作踏踏实实的做好。这才是党的合格的领导干部。

第三，领导干部只有抓落实，才能不辱使命。江泽民同志在党的十三届六中全会闭幕会上的讲话中指出："各级党委务必在政策的贯彻落实上下苦功夫，下硬功夫，下细

---

① 《邓小平文选》第 2 卷，人民出版社 1994 年版，第 267 页。

功夫，要少说多做，说到做到，重在实践，不能多说少做，更不能只说不做。"

领导就是责任。一个人既然走上了领导岗位，既然为政一方，既然承担了历史的重任，就要毫无怨言地努力抓好落实。既然党把重任交给了你，说明了党对你的信任，那么你就应该不辜负党和人民的期望，把工作抓好，抓实，不辱使命。

（二）抓落实，是领导干部讲政治的具体要求

领导干部要讲政治。讲政治不是抽象的，而是具体的。衡量一个领导干部是不是讲政治，重要的标准就是看他能不能不折不扣地落实党的路线方针政策，是不是时时刻刻把人民群众放在心头，是不是诚心诚意地为人民群众谋利益。

而抓落实，就是要不折不扣地落实党的路线方针政策，为人民群众谋利益。所以说，抓落实，是领导干部讲政治的具体要求。

首先，领导干部必须讲政治。邓小平同志曾说："改革，现代化科学技术，加上我们讲政治，威力就大多了，到什么时候都得讲政治。"[①] 江泽民同志在中共十四届五中全会以及以后的多次会议上也强调，领导干部一定要讲政治。关于什么是讲政治，江泽民同志说："我这里所说的政

---

① 《邓小平文选》第3卷，人民出版社1993年版，第166页。

治,包括政治方向、政治立场、政治观点、政治纪律、政治鉴别力、政治敏锐性。"① 领导干部为什么要讲政治?

讲政治,才能保证社会主义的发展方向。我们所进行的事业是社会主义的伟大事业,所以,我们当前所进行的改革开放和社会主义现代化建设具有很强的政治性。党的领导干部,要带头坚持社会主义道路和共产党的领导,抵制西方对我们的"西化"和"分化"的企图。坚持把市场经济与社会主义紧密联系起来,建立具有中国特色的市场经济体制。保证公有制的主体地位,坚持按劳分配,防止两极分化,实现共同富裕。坚持集体主义原则,保证人民的主体地位。这些都需要讲政治,从政治上保证社会主义的方向不动摇。

讲政治,才能加强党的干部队伍建设。我们现在的干部队伍,总体上来说,都具有较高的素质,都是比较优秀的,在各自的岗位上都做出了非凡的业绩。

但是,不可否认,也有一少部分干部思想政治素质有下降的趋势。他们有的政治信念薄弱,在事关全局的问题上认识不清;在根本政治方向上不坚定。有的对中央和上级的决策,重视不够,因此,贯彻执行不到位;有的经不起权力和金钱的诱惑,以权谋私、贪赃枉法、违法乱纪;有的不思进取,碌碌无为,甚至吃喝玩乐,只为个人享受;

---

① 《江泽民文选》第1卷,人民出版社2006年版,第457页。

有的群众观点淡薄，脱离群众，甚至背离群众，不顾人民群众的利益等等。

这些问题，都是不讲政治的表现。这些问题的存在会严重影响党的路线方针政策的落实。

抓落实，必须有一支讲政治的干部队伍。因此，需要提高各级领导干部的政治素质。

讲政治，才能全面坚持和贯彻党的路线、方针和政策。党的路线、方针和政策是实现社会主义现代化的保证。所以，我们必须全面坚持和贯彻。而只有讲政治，才能深刻领会党的路线、方针和政策的内涵和精神实质，才能为更好的贯彻执行做好准备；只有讲政治，才能更好的坚持党的"一个中心，两个基本点"的基本路线，自觉坚持以经济建设为中心，坚持改革开放和四项基本原则；只有讲政治，才能在实际工作中，根据党中央的路线方针政策，顾全大局，做好本职工作；只有讲政治，才能保证党的路线方针政策沿着社会主义方向贯彻执行。

讲政治，才能保证党和人民群众的血肉联系。人民群众，无论是在革命时期还是在社会主义建设时期，都是我们的力量之源和胜利之本。没有人民群众的支持和努力，我们党的事业，我们的现代化建设，都是不会成功的。领导干部讲政治，才能从政治这个大局出发，关心群众、爱护群众、保持和人民群众的血肉联系，坚定不移地贯彻党的群众路线。现在有的领导干部，身处领导岗位，飘飘然，眼睛只会往上看，群众意识淡薄。不关心群众的疾苦，不为群众谋利益，甚至严重脱离群众，这样下去是很危险的。所以，必须从政治的高度，来严格要求领导干部，做好当今新形势下的群众工作，保证党的路线方针政策的贯彻落实。

其次，抓落实，领导干部才能真正做到讲政治。讲政治，不是光讲理论，不是空喊口号，而是要把讲政治落实到实践中去。领导干部讲政治，就是要站在政治的立场上，运用政治观点，以独特的政治鉴别力和敏锐性去观察和处理问题，把自己手中的各项工作抓好，落实好。

讲政治，就要坚定不移的贯彻落实党的路线方针政策。邓小平同志说："社会主义现代化建设是我们当前最大的政治，因为它代表着人民的最大的利益、最根本的利益。"[①]建设中国特色社会主义国家，进行社会主义现代化建设，党和国家已经为我们制定了具体的路线方针政策。作为领导干部，就要坚决的把这些路线方针政策落实在实践中，落实在本地区、本部门的各项工作中。作为领导干部，是不是在本职工作中，贯彻落实了党的路线方针政策，以及落实的好坏，取得的成果的大小，是衡量领导干部是否真正做到讲政治的标准。只有在实际中，一丝不苟，落实到位，才叫真正的讲政治。

---

① 《邓小平文选》第 2 卷，人民出版社 1994 年版，第 163 页。

讲政治，就要始终站在人民的立场，诚心诚意为人民谋利益。党来自于民，造福于民。党的全部工作、全部活动的出发点和归宿，就是为人民谋利益。这是我们党的立党之本，执政之源，同时也是各级领导干部的为"官"之本。讲政治，领导干部要深知这一点，要牢记这一点。而且，最终要把这一点落实到实际工作中。所以在工作中，要眼睛向下看，时刻关心人民的疾苦，把群众的冷暖和需要放在心头，踏踏实实地为人民办好事，办实事，把人民群众满不满意、高不高兴作为衡量工作是否到位的标准。

讲政治，就要遵守政治原则，维护中央的权威，与中央保持高度一致。讲政治，就要遵守政治纪律和政治原则。因此，最重要的一条，就是在政治上要与中央保持高度一致，维护中央的权威。领导干部要做到四个服从，即个人服从组织，少数服从多数，下级服从上级，全党服从中央，其中，最重要的就是最后一个服从，即：全党服从中央。党中央代表了全党和全国人民的利益，代表了总的工作方向，代表了大局。因此，各级领导干部要坚持与中央保持高度一致，认真贯彻中央的各项工作部署，有令行，有禁止。反对搞自由主义、形式主义，维护全党和全国的工作大局，维护党的团结统一。

（三）抓落实，是领导干部素质才能的综合体现

我们选拔干部的标准是德才兼备。领导干部的素质才

能，关系到党和国家事业的兴衰成败。那么，什么样的干部才算是德才兼备的优秀领导干部呢？口说无凭，实绩为证。习近平同志指出："评价一个干部，重要的不是看他说什么，而是看他做什么，看他做得怎么样。"领导干部只有在实际工作中，在抓落实的实践中，才能真正显示出自身素质才能的优劣。

首先，是否抓落实，检验着领导干部的思想品质和工作作风。一个优秀的领导干部，应该具有求真务实、崇尚实干、恪尽职守、勤政爱民、勇于奉献的思想品质和工作作风。面对本职工作，以什么样的态度去对待，以什么样的方式去落实，实际上检验着领导干部的思想品质和工作作风。

湖南省委原副书记、省人大常委会原副主任郑培民同志，给领导干部们树立了一个抓落实的好榜样。

1990年5月，时任湘潭市委书记的郑培民，被调到湘西土家族苗族自治州，出任州委书记。

湘潭和湘西，地名虽然只有一字之差，但条件却有着天壤之别。湘潭是湖南省经济较发达的地区，离省会长沙只有1个小时车程；湘西，是全国著名的少数民族贫困山区，去省城要坐14个小时的火车。去湘西工作，是只有硬肩膀才能挑起来的重担子。多年来，省委一直把湘西的脱贫致富放在突出位置。

有关领导找郑培民谈话。领导刚一谈起去艰苦地区工作的重要性,郑培民就笑了:"请直接说吧。"

准备做郑培民思想工作的话没有必要说了。调动的意向被和盘托出。

郑培民一上任就问:"哪个村子最穷?"随后就去了叭仁村。

"叭仁"是苗语,意思为山顶上。要到达这个三面悬崖一面山的村寨,首先要从湘西的首府坐车到乡里,然后,喘着粗气,手脚并用,徒步走上4个小时的12公里陡峭山路。苗族群众之所以十几年后还记得郑培民,是因为他是住过这里的最大的领导。在他之前,只有乡干部爬上过这个走起来累死人也吓死人的山头。

湘西贫困。每逢青黄不接时,全州有三四成百姓断粮,政府不得不从外地调入大量返销粮。

自治州开始推行"双两大"地膜玉米新技术,这是一项弯着腰,在田中豆腐块大小方格周围摆两株苗的累活,郑培民不是坐在办公室里指挥,他带着机关干部下地,自己弯着腰在田里干活,给农民演示。

1992年春,在田里示范劳作了几天的州委书记郑培民,一脚踩空,仰面摔下了3米多高的田坎,摔成了脑震荡。

书记的行动也是推行农业新技术的"科教示范",从这一年起,全州的粮食开始自给。

湘西州有个湘泉酒厂,原只是一个年上缴利税200多万元的小酒厂。郑培民在前任扩建湘泉酒厂的基础上,又进一步支持了这个酒厂的三期扩建。如今,壮大起来的酒厂已经成了上市公司,自治州干部的工资3元钱就有2元来自这个公司上缴的利税。

此外,郑培民还为这个饮水困难、滴水贵如油的村子通了水,拉了电。

两年多时间,郑培民跑遍了全州218个乡镇,住过30多个乡镇。这只是一个粗略到乡镇、尚不包括村寨的统计。除去在省里州里开会、办公需要的时间,在"开门见山"的湘西,这是一个没有喘息之机的数字。①

其次,是否抓好落实,检验着领导干部的实际水平和工作能力。抓落实,关键是要抓好,抓出成效来。抓落实如果抓不出成效,等于没抓。而能不能抓出成效来,实质上检验着领导干部实际水平的高低和工作能力的大小。

我们曾经到过四川省南江县调研,在调研中,我们接触到当地的一些基层干部和群众,当提到原县委常委、县纪委书记王瑛时,大家不仅对她的英年早逝深深惋惜,更有对她的工作能力的由衷敬佩、赞不绝口。

为什么大家对她的工作能力由衷敬佩、赞不绝口?"实现好、维护好、发展好群众的根本利益,必须要实实在在

---

① 郑培民的事迹材料源于《立党为公 执政为民》编写组编:《立党为公 执政为民:党政干部权力观教育读本》,中国方正出版社2003年版,第115—117页。

的做，不能玩虚的。"王瑛身体力行的一条行为准则给出了答案。

显而易见，是王瑛实实在在地抓好落实，让王瑛赢得了人民群众的信任、敬佩与赞叹。这里仅举一例：

2004年12月的一天，王瑛同县委"下访服务队"的同志一道，来到人称"上访村"的长赤镇莲花村，为的是解决十多年没有解决的土地纠纷问题。

当日，天气异常寒冷。在村民刘月润家的院子里，王瑛同"下访服务队"队员一起冒着刺骨的寒风，用了近4个小时的时间听取村民代表的质证和要求。经过多方了解，"下访服务队"最后提出解决方案，妥善解决了问题，平息了各方矛盾，村民露出了满意的笑容。

三、抓落实，要把握住根本

领导干部抓落实，关键要把握住抓落实的根本。这是解决为谁而抓，为什么而抓的问题。

抓落实的根本是什么？习近平同志2011年3月1日在中央党校春季学期开学典礼的讲话中，说得非常清楚："全心全意为人民服务是我们党的根本宗旨。各级领导干部要把以人为本、执政为民贯穿到抓落实之中，切实做到权为民所用、情为民所系、利为民所谋。把握住这一点，就把握住了抓落实的根本。"

领导干部抓落实，把握住了这一根本，就会把党和人民的托付看得比泰山还重；就会盯着排头找差距，对照先进学经验，就会以锲而不舍的精神抓好党的路线方针政策的落实，抓好党和政府各项工作任务目标的落实。

（一）把握根本，要牢记党的根本宗旨

中国共产党的根本宗旨，是全心全意为人民服务。牢记党的这一根本宗旨抓落实，是要解决为谁而抓落实的问题。

中国共产党自诞生之日起，就把全心全意为人民服务确立为自己的根本宗旨和行为准则。这是我们党区别于其他政党的根本标志。领导干部抓落实，必须把全心全意为人民服务作为抓落实的出发点和归宿。

毛泽东同志在《为人民服务》一文中指出：我们的共产党和共产党所领导的八路军、新四军，"完全是为着解放人民的，是彻底地为人民的利益工作的。"邓小平同志也曾指出："中国共产党员的含义或任务，如果用概括的语言来说，只有两句话：全心全意为人民服务，一切以人民利益作为每一个党员的最高准绳。"

《党章》也明确规定："中国共产党员必须全心全意为人民服务，不惜牺牲个人的一切，为实现共产主义奋斗终身。""中国共产党党员永远是劳动人民的普通一员。除了法律和政策规定范围内的个人利益和工作职权以外，所有共产党员都不得谋求私利和特权。"

首先，抓落实，要牢记党的根本宗旨。抓落实为什么要牢记党的根本宗旨？

这是由党的性质和任务所决定的。中国共产党是中国工人阶级的先锋队，同时是中国人民和中华民族的先锋队。中国共产党除了最广大人民群众的利益外，没有任何自己的特殊利益。党的一切工作，都必须以最广大人民群众的根本利益为最高准则。

新时期，我们党的主要任务就是，实现社会主义现代化,完成祖国的和平统一,促进世界的和平与发展。这一伟大的历史任务符合广大人民群众的根本利益,同时,也需要全体人民的共同努力。所以,全心全意为人民服务,依靠人民、为了人民,最终才能实现这一历史任务。

这是由人民群众在社会发展中的作用所决定的。人民群众是历史的创造者,人民群众是社会发展中起决定作用的关键因素,人心向背决定着历史的发展方向。得人心者昌,逆人心者亡。抓落实只有牢记党的根本宗旨,才能全心全意为人民谋利益,才能赢得民心。

抓落实,牢记党的根本宗旨,就是要坚持把人民群众的根本利益作为出发点和归宿;就是要心系人民,权为民所用,情为民所系,利为民所谋。"在社会不断发展进步的基础上,使人民群众不断获得切实的经济、政治、文化利益。"

其次,是否抓好落实,是对领导干部宗旨意识的检验。2003年,胡锦涛同志在"七一"讲话中强调:"要心里装着群众,凡事想着群众,工作依靠群众,一切为了群众。坚持立党为公,执政为民,不能停留在口号和一般要求上,必须围绕人民群众最现实,最关心,最直接的利益来落实。"

的确,我们的领导干部需要有全心全意为人民服务的宗旨意识,但光有意识还不够,只有把思想付诸实践,真真正正的为人民谋利益,才是我们最终的目的。

所以,检验领导干部有无宗旨意识,关键的一点,就是要看抓落实党的路线方针政策的成效。

一个光喊不练，只说不做；一个说得多，做得少；一个上有政策，下有对策；一个眼睛只看领导，不看人民群众的领导干部是没有宗旨意识的。比如李真、王宝森之流。

真正具有宗旨意识的领导干部，埋头苦干，兢兢业业，恪尽职守，把人民群众始终放在心里。焦裕禄、孔繁森、汪洋湖、杨善洲等等就是典范。

（二）把握根本，要树立正确的政绩观

习近平同志指出："在抓落实过程中，不同的政绩观会有不同的抓法、不同的结果。什么叫政绩？顾名思义，就是为政之绩，即为政的成绩、功绩、实绩。我们做事情、干工作，如果做到了上有利于国家、下有利于人民；既符合国家和人民眼前利益的要求，又符合国家和人民长远利益的要求；既能促进经济社会发展，又能促进国家富强和人民幸福，那就做出了党和人民所需要的真正的政绩。"

领导干部抓落实，必须要树立正确的政绩观。怎样树立正确的政绩观？

首先，树立正确的政绩观，就是要树立全面的政绩观。政绩，应该是全面的政绩。这里的政绩，不仅包括经济的，还应该包括政治的、精神的、文化的等方面。有些领导干部片面的认为，只有经济增长才是实实在在，看得见，摸得着的，容易被上级领导注意的，所以，就只追求经济的

发展，而对那些看不见、摸不着的东西，置之不理。这是错误的观点。我们讲的发展，是全面的发展，是包括了经济在内的全面的发展观。我们不仅要搞好经济建设，还要同时兼顾政治文明、精神文明、社会和谐稳定等等，不仅要提高人们的物质生活水平，还要在精神、文化、医疗卫生、教育、科技等方面为人民创造良好的条件。只有各个方面都发展了，才是全面的发展。

其次，树立正确的政绩观，就是要树立协调发展的政绩观。协调发展，是指经济、社会、自然等各个方面共同发展，相互促进。既要有经济的效益和发展速度，又要有人口、资源、环境、生态的健康发展；既要注重城市的发展、又要搞好乡村的发展；既要做好局部的发展，又要关注全局的发展。总之，要把各个方面都抓好，相互协调，共同促进。

第三，树立正确的政绩观，就是要树立可持续发展的政绩观。2011年2月温家宝总理与网友在线交流时，告诫领导干部要树立怎么样的"政绩观"中讲到："科学发展观中的'可持续'，强调的是发展进程的持续性。树立正确的政绩观，要求我们必须处理好经济建设、人口增长与资源利用、生态环境保护的关系，在发展经济的同时，充分考虑环境、资源和生态的承受能力，保持人与自然的和谐发展，实现自然资源的永续利用和社会的持续发展。"

可见，可持续发展，就是在发展中，既要立足当前，又要着眼长远；既要看到眼前利益，又要考虑到子孙后代的利益，不得以牺牲后代人的利益来谋求当代的发展。

最近，习近平同志也讲到："领导干部在抓落实过程中，还要有'功成不必在我任期'的理念和境界，注意防止和纠正各种急功近利的行为，不贪一时之功、不图一时之名，多干打基础、利长远的事。"

有些领导干部，急功近利，只求在任时多出成绩，快出成绩，于是，盲目做决策，缺少长远发展规划。以至于出现了"前任政绩后任债"、"一任政绩几任包袱"的现象。这种政绩观是要不得的。

第四，树立正确的政绩观，就是要树立人民满意的政绩观。政绩必须要得到人民的认可，使人民满意。领导干部做得好不好，人民群众最有发言权。人民群众是最终的受惠者和最好的监督者，要把人民拥护不拥护，赞成不赞成，高兴不高兴，答应不答应作为评价政绩的标准。要反对那些不切实际、劳民伤财、损害群众利益的假政绩。要把政绩做到实处，真正做到权为民所用，情为民所系，利为民所谋。

习近平同志讲："正确的政绩观，体现在政绩的内容上，应该是实实在在、有利于地方和单位的建设和发展；在创造政绩的目的上，应该是为党、为人民，而不是为一己之私；在创造政绩的途径上，应该是脚踏实地，而不是投机取巧，牺牲后代利益，以浪费资源为代价。"

领导干部只有树立了正确的政绩观,才能真正抓好落实,为人民服好务,为社会造好福。

反之,就会为了升迁急于出成绩,喜欢制造哗众取宠的"轰动效应",追求不切实际的、劳民伤财的"形象工程"、"面子工程"。为"荒山刷绿漆"就是如此。

(三)把握根本,要对权力有清醒的认识

领导干部手中掌握着一定的权力,而权力与利益通常是相连的,所以,任何掌握权力的人,都面临着利用权力去获得个人利益的诱惑,这就要求权力的运行要有严格的约束和限制。没有约束的权力,必然会导致权力的滥用。因此,需要对权力有清醒的认识。

首先,抓落实,要树立正确的权力观。领导干部落实工作,要运用好手中的权力。而运用好手中的权力,其前提是先要树立正确的权力观。

权力观,就是对权力的基本态度和看法。权力从哪里来、为谁掌权、如何掌权?这是权力观的基本问题。在中国政治文明的视野下,正确权力观的基本内涵:

一是"权由民授"。《中华人民共和国宪法》明确规定:中华人民共和国的一切权力属于人民。执政党执政、领导干部执政,都源于人民授权。对权力来源和性质的正确认识和判断,是树立正确权力观的首要问题。

二是"权为民用"。权为民用,是共产党人权力观的本

质,是正确权力观的价值取向。权力的性质决定权力的功能,人民的权力,只能用来为人民服务。

三是"权受民督"。权力是一把"双刃剑"。运用得好,可以给人民带来福祉;滥用权力、以权谋私,将会祸国殃民,并伤及自己。

因此,领导干部在牢记"权由民授"、实践"权为民用"的同时,还要不断强化"权受民督"的意识,在行使权力时,自觉地接受人民群众的监督。

其次,权力运行要遵循一定的原则。领导干部在抓落实的工作中,一定要遵循权力运行原则,保证权力的正当使用,抓好落实;避免借抓落实之口,为个人或小集团谋取私利。

权力运行,不同的时代有着不同的原则。在当代,领导干部运用权力一般要遵循以下的原则:

一是民主原则。民主,是指在一定的范围内,按照平等和少数服从多数的原则来共同管理国家事务的国家制度。民主原则能有效地防止个人专断和权力滥用。

民主原则的内涵和基本要求是:"坚持为人民执政、靠人民执政的执政理念,充分支持人民当家作主,依照人民的意志行使权力,切实保障人民的民主权利。"[1] 权力的运

---

[1] 阎德民:《论权力运行的原则、程序及其控制》,《中共福建省委党校学报》2009年第6期,第25页。

行，在民主原则指导下，能够保证权力运行的公正性和方向性。

二是法治原则。领导干部运用权力，必须遵循法治的轨迹，依法用权。也就是说，必须严格按照法定权限和程序行使权力。这是依法执政的核心，也是权力使用的边界。

不受约束的权力，必然会被滥用。对权力最好的约束就是法律。用法律来规范权力，来规定权力运行的内容、范围、程序和责任。对于违反宪法和法律的行为进行惩罚，以此来实现权力运行的制度化、法律化，从而保证权力的运行不偏颇，使权力的运行真正体现人民的意志，并为人民受益。

三是公开透明原则。权力运行公开透明，让权力在阳光下运行，这是预防腐败的重要途径。权力的公开透明，就是使党政机关的决策过程、实施过程和结果都公之于众，让人民群众更好的了解政府的工作情况，从而有效的加强对权力的监督。这样就在很大程度上减少了违法违规操作，使权力的滥用和腐败的发生无处可行。

四是责任原则。权力就是责任。任何一种权力，都伴随着相应的责任。所以，享有权力，就必然要承担相应的责任。权力有多大，责任就有多大。权力是履行责任的手段，而责任对权力具有规范约束作用，权力的运行必须在责任所界定的范围之内。所以，在权力运行的过程当中，要对履行责任的情况进行监督，及时追究失职者的责任。

责任原则，印证了温家宝总理关于权力运用的三句话："有权必有责，用权受监督，侵权要赔偿"。

五是层级原则。领导干部运用权力，还必须遵循层级原则：个人服从组织、少数服从多数、下级服从上级、地方服从中央。这也是民主集中制的应有之义。

在行政组织中，组织成员服从合法权力是公认的价值观念。领导干部对自己主管哪些工作，拥有哪些权力，负有哪些责任，应该一清二楚，要在其位，司其职，负其责，不侵权，不越位。

领导干部抓落实，就是一个运用手中的权力为人民谋利益的过程。树立了正确的权力观，遵循了权力运行的原则，才能保证在权力行使的过程当中不发生偏离。坚持民主原则，不搞个人专断；坚持法治原则，不违法；坚持公开透明原则，不搞暗箱操作；坚持责任原则，不失职；坚持层级原则，顾全大局，令行禁止，从而为抓好落实奠定基础。

四、抓落实，要雷厉风行

雷厉风行，就是有令行、有禁止，遇到事情，马上决策，马上办，不搞"马拉松"，不拖泥带水，不推诿扯皮。领导干部抓落实，必须有这种雷厉风行的工作作风。

雷厉风行，不是不顾实际的鲁莽行事，胆大妄为，草草率率，而是效率与质量的双向结合。

（一）雷厉风行，是抓落实的作风要求

《孙子兵法》中有一个重要的原则，就是"兵贵神速"。我在读高中时，曾经学过一篇名为《为学》的古文。这篇文章让我深受教育，至今记忆犹新。文章讲述了这样一个故事：

四川的边境上有两个和尚，一个贫穷，一个富有。一天，穷和尚对富和尚说："我想去南海，你看怎么样？"

富和尚问："你靠什么去呢？"穷和尚回答说："我靠着一个水瓶和一个饭钵就足够了。"

富和尚说："我几年来都想买船南下，还没有能够去成。你就靠这个能去！"不相信。然而到了第二年，穷和尚

从南海回来了,并把游历的情况告诉了富和尚。富和尚显出了惭愧的神色。

（蜀之鄙有二僧,其一贫,其一富。贫者语于富者曰:"吾欲之南海,何如?"富者曰:"子何恃而往?"曰:"吾一瓶一钵足矣。"富者曰:"吾数年来欲买舟而下,犹未能也。子何恃而往!"越明年,贫者自南海还,以告富者。富者有惭色。）

四川距离南海,有几千里路之遥,富和尚不能去,但是,穷和尚却到达了那里。看来,问题不在能不能去,而在是否真正行动。所以古人云:"道虽迩,不行不至;事虽小,不为不成"。"为政贵在行"。

领导干部抓落实也是如此。如果仅是坐而论道,如果仅是满足于开会部署,而不去行动真抓落实,也会如那位"富和尚"一般。

（二）雷厉风行,要令行禁止

所谓令行禁止,就是下令行动就立即行动,下令停止就立即停止。"令行禁止"是抓落实所能达到的最高境界。

首先,达到令行禁止的境界,才能赢得时间。"时间就是金钱"、"时间就是生命"。

善于把握时间的人会把生命延长,把事业做大,把落实抓好。温家宝总理就是一位善于把握时间抓好落实的人。

2008年5月12日下午2点28分,四川省发生里氏8.0

级强烈地震，震中位于阿坝州汶川县。请看地震后温家宝总理的时间表：

"12日下午，刚从河南考察农业和粮食生产储备情况抵京的温家宝，在赶往中南海的途中，得知汶川强震的消息，第一时间折返机场奔赴灾区。

12日晚8时，温家宝在都江堰搭起指挥部就地部署救灾工作。他总是第一时间步步向震中地区靠近。

14日下午，第一批空降勇士成功着陆汶川，温家宝第一时间搭乘直升机直飞汶川。

15日上午，从广元乘车来到白龙湖，再坐船、乘汽车，12时40分抵达青川木鱼镇。

15日14点28分，距离四川汶川大地震整整72小时。在这堪比黄金的72小时中，66岁的温家宝总理辗转9次视察7地灾情，召开6次国务院抗震救灾指挥部会议。他的行程表始终指向'第一时间'，用高效、迅速、果断的72小时，为中国赢得了拯危救困的宝贵时间。"①

其次，达到令行禁止的境界，才能牢牢把握主动权。我们现在正处在社会转型期和快速发展的关键时期，矛盾多，大事多，难事多，而且是环环相扣，互相联系，每一件事情的解决都关系到全局，影响到整体。一件事情解决

---

① 转引自：《温家宝高效果断72小时为中国赢得宝贵时间》，《重庆晨报》2008年5月16日。

不好，则牵连到以后的发展，所以，一处受阻，则步步难行。

我们做工作，抓落实，必须雷厉风行。只有这样，才能迅速打开工作局面，一步为先，步步赶上，牢牢把握住事情发展的主动权。

第三，达到令行禁止的境界，才能提高办事的效率。抓落实，不仅重视结果，也同样重视效率。对党和国家已经确定的路线方针政策，以快速稳妥的方式去落实，使之尽早见到成效，让成果尽早惠及人民，这是党和人民所期待的。否则，慢慢腾腾，一方面会贻误时机；另一方面，即使达到了预期的落实效果，但是在这期间，浪费的时间及各种资源，也是一种不小的损失。

美国前总统富兰克林·罗斯福，就是一个雷厉风行的领袖人物。也正是因为他的雷厉风行，使得陷入经济危机的美国，摆脱了困境。

1933年3月4日，富兰克林·罗斯福就任美国第32届总统。此时，美国正陷入有史以来最大的经济危机之中。怎么办？罗斯福在就职演讲中说："这个国家要求的是行动，而且是立刻行动。"

罗斯福开始了行动。"从1933年3月9日的《紧急银行法》到6月16日的《全国工业复兴法》，短短的一百天内，罗斯福已发表了十次重要演说，制定了新的外交政策，建立了每周举行记者招待会和内阁会议各两次的惯例，宣布废除金本位，向国会提交了 15 篇咨文，引导国会通过了 13 个重要法案。他就像一台高速运转的机器，早上还没下床，他就滔滔不绝地向助手阐述自己的主张，提出问题，发出指示，虽然他那巨大的身躯下萎缩的双腿连被子也撑不起来。他坐在轮椅上，敏捷地穿过白宫走廊，连续几个小时接见来访者，批阅信件，接听电话，召开紧急会议。他几乎不知疲倦到忘我的程度。罗斯福以身作则，内阁成员也跟着连轴运转，国会也没法拖延，于是整个国家机器在罗斯福的带领下高效运转，从而使他的新政得以乘风破浪，勇往直前。"①

罗斯福的雷厉风行推行新政，使美国摆脱了困境。瑞士心理学家荣格见过罗斯福以后对人说："这人浑身是劲，他智力超群却又难以捉摸，可是说干就干，厉害得很。"②

一个命令的发出、一项决议的出炉、一个任务的制定，能否在预期内最终达到应有的效果，关键看落实者以什么样的方式去落实。雷厉风行，快马加鞭，能够提高抓落实的效率，并取得落实的成果。

（三）雷厉风行，抓好落实

雷厉风行是一种良好的工作作风，也是一种高效的工

---

① 王启军摘编：《雷厉风行的罗斯福》，《新东方》2003 年第 7 期，第 29 页。

② 同上。

作方法。抓好落实，就要具有这种良好的工作作风，把握这种高效的工作方法。如何雷厉风行地抓好落实？

首先，力戒拖拉。有的领导干部抓落实，说得很好，行动起来却是迟缓拖延。没有紧迫感，该决的不决，该办的不办，凡事应付，能拖则拖。是"嘴巴行千里，屁股在屋里，行动在云里"。

其次，立即行动。雷厉风行，就要立即行动。有这样一句话："会议之后是行动"。当决策做出，任务确定，领导干部就要立即去落实，立即去抓落实。

第三，善于行动。抓落实，雷厉风行，不仅要行动，还要善于行动。善于行动，就要抓住重点行动。辩证唯物主义认为，事物的发展往往由多种矛盾构成，要善于抓住主要矛盾，主要矛盾解决了，其他问题也就迎刃而解了。

工作中也是一样，领导干部每天要面对大量的具体工作，如果不突出重点的眉毛胡子一把抓，结果是该干好的没干好，该抓住的没抓住，工作一塌糊涂。所以，做领导工作，要善于从纷繁复杂的事务中，找出主要矛盾，抓好重点工作，统筹兼顾、全面推进。

1936年西安事变，张学良、杨虎城两位将军逮住蒋介石，与共产党商讨如何处置。当时国际国内形势相当复杂，对蒋介石是杀还是放？党中央、毛泽东着眼国共合作一致抗日这个主要矛盾，毅然做出了和平解决事变、释放蒋介石的决定，促成了第二次国共合作，形成了抗日战争统一战线，成为中外历史上谋全局、抓重点的光辉典范。

"解放战争时期，辽沈战役的关键在哪里？毛泽东及其战友们对分别固守在长春、沈阳、锦州三大城市的敌军情况进行了认真分析，认为如果先打长春就会把沈阳、锦州的敌人放跑，增加解放全中国的困难。如果先打锦州，就切断了敌人与东北关内的联系，造成关门打狗的形势，使长春、沈阳的几十万敌军没有退路，我军可来个'瓮中捉鳖'。所以，把先打锦州作为辽沈战役的重点，结果势如破竹，一举歼敌47万人。"①

上述事例说明，雷厉风行，必须要善于抓重点，集中精力破解发展的难题，勇于攻克难关，拿下制高点。但是，这里不是说不顾其他，而是在抓重点的基础上，统筹兼顾，齐头并进去行动。

---

① 王德元：《从政哲理》，山东人民出版社2009年版，第113页。

五、抓落实，要坚持求真务实

求真务实，是我党的优良传统和工作作风。领导干部抓落实，必须弘扬这种优良传统，坚持这种工作作风。

"求真"，就是了解真实情况，探寻出事物发展变化的客观规律；"务实"，就是要以实事求是的态度，提出符合实际的解决矛盾和问题的办法。

（一）求真务实，要坚决反对形式主义

唯物辩证法告诉我们，内容与形式是辩证的统一。人们做任何事情，都要有一定的形式。但形式只能为内容服务，而不能置内容于不顾，为形式而形式。如果不管内容，只讲形式，那就是形式主义。正如江泽民同志所说的："必要的形式不能没有，但是不能搞形式主义。所谓'形式主义'，就是处处只讲究表面的形式，不讲究事情的实际，不讲实际内容、实际效果和实际意义。这种形式主义，只有哗众取宠之心，没有实事求是之意。"[①]

---

① 江泽民：《在八届全国人大四次会议解放军代表团会议上的讲话》。

抓落实，要坚持求真务实。坚持求真务实，要坚决反对形式主义。

不同时期，不同阶段，不同领域，形式主义有不同的表现形式。但从抓落实的情况来看，形式主义主要有以下的表现形式：

首先，抓落实就是开会，干打雷不下雨。有的领导干部靠会议去落实会议，靠文件去落实文件，靠讲话去落实讲话。他们习惯于做"收发室"，当"传声筒"。认为只要是会开了，文件发了，话讲了，工作任务就算落实了。结果是，层层喊落实，层层不落实。正像有人所讲的，狠抓就是开会，管理就是收费，重视就是标语，落实就是动嘴。也像一副对联所描述的：上联是"你开会我开会大家都开会"，下联是"你发文我发文大家都发文"，横批是"谁来落实"。

其次，工作过程很热闹，实际问题没解决。有的领导干部把工作过程本身当成工作绩效。在抓落实中，习惯于做程序性的工作，轰轰烈烈走过场，一丝不苟搞形式，标语贴得满墙是，实际问题没解决。

第三，热衷于提新口号，喜欢做表面文章。有的领导干部不去认真领会中央精神，也不去了解下情，只习惯于空喊口号，定高指标，做表面文章。口号、指标提得震天响，落不落实无人过问。

（二）求真务实，要坚决反对官僚主义

官僚主义是一种脱离群众、脱离实际、工作怕艰苦、作风不深入、当官做老爷的工作作风。

在长期的革命、建设工作实践中，我党同官僚主义进行着不懈的斗争。1963年，周恩来在中共中央和国务院直属机关负责干部会议上的报告中，将官僚主义的种种表现逐一进行了揭露。如高高在上，孤陋寡闻；狂妄自大，骄傲自满；主观片面，粗枝大叶；官气熏天，不可向迩；不学无术，耻于下问；遇事推诿，怕负责任；浮夸谎报，瞒哄中央；弄虚作假，文过饰非；等等。

周恩来同志所揭露痛斥的官僚主义在今天也同样不同程度地存在着。这严重地妨碍了党的方针、路线、政策的贯彻落实，严重地破坏了党和人民群众的血肉关系，严重地影响了党和政府在人民群众心目中的形象和威信。现阶段官僚主义主要有以下几方面的表现：

首先，缺乏公仆意识，脱离群众，官气十足。我们的领导干部是人民的公仆。作为人民的公仆，就应该全心全意地为人民服务，就应该谦虚谨慎，虚心向人民群众学习，一刻也不脱离群众。可是现在有的领导干部，却忘掉了自己的人民公仆身份，而把自己当成了人民的主人。于是，对人民群众态度蛮横，以至于人民群众感到"门难进，脸难看，话难听，事难办"。

其次，不深入实际调查，凭主观想象决断问题。毛泽东同志指出："按照实际情况决定工作方针，这是一切共产党员所必须牢牢记住的最基本的工作方法。"① 按照实际情况决定工作方针，就要深入实际调查研究。"一切结论产生于调查情况的末尾，而不是在它的先头。只有蠢人，才是他一个人，或者邀集一堆人，不作调查，而只是冥思苦索地'想办法'，'打主意'。须知这是一定不能想出什么好办法，打出什么好主意的。换一句话说，他一定要产生错办法和错主意。"② 然而，有的领导干部就是这种"蠢人"。他们不深入实际调查，凭主观想象决断问题，以至于劳民伤财。

第三，对工作不负责任，缺乏事业心和敬业精神。作为领导干部，必须对工作负责，对党和人民负责。没有对党、对人民、对工作负责的态度，是抓不好落实工作的。官僚主义者就是缺少这种对党、对人民、对工作负责的精神。因此，做事马马虎虎，甚至玩忽职守，给党、国家和人民的利益造成重大损失。原重庆市人大常委会副主任秦昌典，原重庆市政协副主席王式惠就是这样的官僚主义者。

当年，重庆华蜀光电集团为了扩大、发展生产的需要，报请有关部门批准，决定引进有源矩阵液晶显示屏和半导

---

① 《毛泽东选集》第4卷，人民出版社1991年版，第1308页。
② 《毛泽东选集》第1卷，人民出版社1991年版，第110页。

体电耦合件生产设备。时任重庆市副市长的秦昌典和市经委主任的王式惠具体负责这一工作。

在负责这一工作的过程中,秦、王二人的眼睛被外方公司几千美元及金首饰等区区小利所迷惑,擅自决定同意与一外国公司合作并引进设备。

秦、王所决定引进设备的外国公司,是一个已被其往来银行申请破产的企业。花费626万美元购买的有源矩阵液晶显示屏生产设备,是一条不具备生产能力的不完整的试验线,据有关专家评估,价值仅为50万~80万美元,因无法投入生产,至今仍封存在境外,其残值不足4万美元。向外商支付的购买半导体电耦合件生产设备的110万美元合同定金,至今未购进任何设备。截至1999年,引进上述项目所付资金加上欠银行利息,实际损失达1019万美元。

1000多万美元,对于我们尚不算富裕的国家和人民来说,不能不说是一笔巨额财产,然而却让这两位玩忽职守者轻而易举地打了水漂。

作为负责这一具体工作的政府官员,他们本该从国家的利益出发,本着对人民负责的精神,引进有用的设备。然而,秦、王二人,却将国家和人民的利益置于脑后,将对工作认真负责的精神要求放置一边,眼睛被外方公司几千美元及金首饰等区区小利所迷惑。这种严重失职渎职的行为自然受到了法律的严惩。

（三）求真务实，要坚决反对主观主义

所谓主观主义，就是不注重调查研究，盲目蛮干，凭主观意志办事，脱离客观实际。

我党向来重视调查研究。毛泽东同志就反复强调过调查研究的重要性，反对盲目蛮干，凭主观意志办事的主观主义思想作风。他指出："……反科学的反马克思列宁主义的主观主义的方法，是共产党的大敌，是工人阶级的大敌，是人民的大敌，是民族的大敌，是党性不纯的一种表现。大敌当前，我们有打倒它的必要。只有打倒了主观主义，马克思列宁主义的真理才会抬头，党性才会巩固，革命才会胜利。"①

在建设中国特色社会主义事业的今天，盲目蛮干，凭主观意志办事的主观主义仍然存在。下面这些现象都是盲目蛮干，凭主观意志办事所创造的"人间奇迹"：

西北某地，历时 6 年，花了 7000 万元，建了一个化纤厂，结果一米布也没有织出来。

东南某省，投资 2.3 亿元建摩托车厂，建成之日就是关门之时，一辆摩托车也没生产出来。

郑州某制药厂，投资 30 亿元，但历时 10 年，居然连一片小小的维生素 C 都没有生产出来。

---

① 《毛泽东选集》第 3 卷，人民出版社 1991 年版，第 800 页。

号称"牛城"的某市,投资上亿元,沿街建造了 299 头石牛雕像、铺设了 9999 块牛形图案路面砖。原以为这些会给"牛城"带来繁荣,但结果是,当地的许多养牛户饲草严重不足,卖了牛奶长期拿不到钱。养牛户只好忍痛将牛卖掉,收入急剧下降。

看来,主观主义的"大敌"就在我们的身边。"大敌当前,我们有打倒它的必要。"只有打倒了主观主义,党的路线方针政策才能得到有效落实,社会主义和谐社会的目标才能实现。

(四)求真务实,要坚决反对弄虚作假

求真务实,是我党的优良传统和作风,但是现在,这种优良传统和作风正在受着严峻的考验。在一些地区和部门,一些领导干部为了自己的所谓"政绩",大肆弄虚作假,以致浮夸成风。中原某县就曾经是玩数字游戏的高手。

该县本是全国 100 个贫困县中的一个,在全省的经济实力也是倒着数才能上名次。但在 2000 年的全省各县经济实力排序中,该县却突然"龙腾虎跃",一下子从历年的全省倒数第三,飙升到第 26 位,达到一个中等发达强县的水平。

是该县适应改革开放的新形势,真抓实干,使全县的经济腾飞了吗?非也。这一奇迹是原县委书记一手"创造"的。

该县地处深山,土地瘠薄,人均耕地仅为一亩左右。2000年,全县农民人均毛收入1050元,扣除农业生产性投入,人均纯收入仅有750元。但是,在原县委书记的操纵下,"人均纯收入"竟然高达1819元。

该县当年玩欺上瞒下的手段,是非常"高超"的。一次,市领导要来检查养猪模范村,县领导担心仅有十几头猪的这个"模范村"露馅,便让村长提前布置一番。领导的小车队一露面,村民们就一齐用棍子使劲打猪。市领导老远听到一片猪叫,连说"这个村猪真多",随即越村而过。另一个村只有几十头牛,却声称已经建成数百头牛的养牛基地。听到县委要来检查,村长便到邻县各村"租"来一大群牛摆样子。

县委书记大搞"政绩工程"为自己"撑面子",下面的干部必然以此为"时尚"。连年的弄虚作假,虚报浮夸,使该县农民直接损失3.1亿元,贷款资金死滞呆账损失达1.2亿元,国家大量的扶贫款变成了造贫款。

这是一个典型的因弄虚作假而坑害人民、坑害国家的案例。虽然造假者因触犯法律而被追究了责任,但人民利益、国家利益所受到的损害,却是无法弥补的。

对于弄虚作假,群众意见极大,下面的对联从一个方面反映出群众的不满,上联是"上级压下级,层层加码,马到成功";下联是"下级骗上级,层层掺水,水到渠成";横批"数字出官,官出数字"。

江泽民同志曾经一针见血地指出:"形式主义的东西多了,层层效仿,大量的时间都花在这个上面,对领导来说,耗费许多精力,妨碍深入实际;对群众来说,劳民伤财,不堪其累。"

不管是形式主义、官僚主义、还是主观主义、弄虚作假,都是抓落实的大敌。

首先,有害于党的路线方针政策的贯彻落实。贯彻落实党的路线方针政策,需要准确理解党的路线方针政策,需要掌握真实的客观实际情况。但如果习惯于做表面文章,就不能准确地理解党的路线方针政策,就不能深入实践调查了解客观实际的真实情况,从而会使党的路线方针政策的落实偏离正确的方向。

其次,有害于党群关系、干群关系。热衷于搞形式主义、官僚主义、主观主义、弄虚作假的人,只顾自己的"政绩",不管人民群众的疾苦。他们为了自己的政绩,劳民伤财在所不惜。这种做法,必然引发群众的不满,从而导致党群关系、干群关系的疏离。

因此,各级领导干部需要坚决反对形式主义、官僚主义、主观主义和弄虚作假,求真务实,踏踏实实地抓好落实。

六、抓落实，要勇于负责

责任，就是分内应该做的事。"生活如契约，每个人都有着不可推脱的责任"（莎士比亚语）。"天下兴亡，匹夫有责"，是要为国家尽责；"一人做事，一人当"，是要为自己负责。抓落实，勇于负责，就是要对党和人民的事业勇于担当。

（一）勇于负责，要强化责无旁贷的意识

领导干部抓落实，要勇于负责，首先要强化责无旁贷抓落实的意识，不当局外人。领导干部有了这种意识，才能不折不扣地抓落实，才能锲而不舍地抓落实。

邓小平同志曾经指出："集体决定了的事情，就要分头去办，各负其责，决不能互相推诿。失职者要追究责任。"[①]

2009年1月13日，胡锦涛总书记在十七届中央纪委三次全会上，谈到关于加强领导干部的责任意识时也指出："面对复杂多变的国际局势和艰巨繁重的国内改革发展任

[①]《邓小平文选》第2卷，人民出版社1994年版，第341页。

务，要保持经济平稳较快发展，社会和谐稳定，各级领导干部一定要树立和弘扬良好作风，着力强化责任意识，切实履行党和人民赋予的职责。"

上级的方针政策制定出来以后，实际上就明确了领导干部落实的责任。作为领导干部，就要自觉意识到自己所应担当的责任，主动负起这份责任。

有些领导干部，只看到自己的利益，看不到自己该承担的责任，缺乏责任意识，这样的领导干部是不会把工作落实好的。只有具有强烈的责任意识、明确自己的职责的领导干部，才能在工作中抓好落实，做出成绩。

领导干部，作为一个地方、一个部门、一个单位的领导，发挥着顶梁柱的作用。古人云：在其位，谋其政；司其职，负其责。领导干部身处重要的领导岗位，肩上的责任可谓重大。落实中央和上级的指示靠的是领导干部的组织、带领；而落实不力，出了问题，也要归咎于领导干部，总之，抓落实，领导干部就是第一责任人。

（二）勇于负责，要强化自己的责任自己承担

哈里·杜鲁门担任美国总统时，在他的办公室门口，挂着一块牌子，上面写着："责任就在这里。"

领导干部抓落实，需要有"责任就在这里"的态度。自己的责任自己承担，不把责任推卸给他人。请看艾森豪威尔的一段轶事：

1944年6月6日,盟军登陆诺曼底。面对被纳粹宣传为有去无回的"大西洋长城",战前是凶吉难以预料。因此,当艾森豪威尔下达作战命令之后,他坐在桌子旁边,默默地写下了一张字条,并把它放在制服的口袋里,准备一旦登陆失败,拿出来发表。

字条是这样写的:"我们的登陆作战行动已经失败,……所有士兵无论海、陆、空三军,无不英勇作战,鞠躬尽瘁,死而后已。假如行动中有任何错误或缺失,全是我一个人的责任。"

事过多年,艾森豪威尔在接受一位学者访问时,曾谈及此事。他说,记得在南北战争时,南军在盖茨堡一役被打败,领兵的李将军只怪罪自己,他写信给总统说:"军队没有错,我一个人负全责。"他为此深受启发。

艾森豪威尔是这样。他的爱将巴顿将军也是如此。巴顿将军说:"指挥官应该担负起失败的责任,不论责任在不在他;但假如事事顺利,则要将功劳归给别人,不论这些人是否有功劳。"在他看来,只有这样,才能获得部属支持,为你死心塌地地勇敢战斗。因此,每当别人赞扬他时,他总是说:"好像巴顿是个伟大的天才,事实上,他根本没什么可做。他只负责下达命令,创造出无与伦比的优异战绩的,是背后的参谋和前线的部队。"[①]

---

① 蔡子强:《为将之道》,《海外星云》2005年第21期。

（三）勇于负责，要有负责的勇气

勇于负责是需要勇气的。这是一种大无畏的勇气，是一种对党和人民高度负责的勇气。老一辈无产阶级革命家习仲勋同志就是具有这种勇气。

1978年春至1980年底，习仲勋同志在广东主政。这期间，广东曾经发生过群体性偷渡外逃香港的事件。

事件发生之后，引起了中央有关方面的关注。面对这种情况，习仲勋同志不诿过，不迁怒，而是在各种场合多次做自我批评，主动承担责任。他说："责任要由省委来负。""我们不能怪下面，更不能对下面的同志有什么批评，这个责任省委完全承担了。"① 像习仲勋同志这种勇于负责的勇气如何而来？

首先，领导干部负责的勇气，来源于对党、国家和人民的忠诚。忠诚，就是对党、对国家、对人民等诚心诚意、尽心尽力，没有二心。

领导干部有了这种忠诚之心，才能面对问题不回避，面对困难不低头，面对挫折不弯腰，面对不正之风敢于斗争，以大无畏的精神抓好落实。

其次，领导干部负责的勇气，来源于对党、国家和人

---

① 转引自吴江：《习仲勋是怎样处理突发事件的》，《北京日报》2008年2月4日。

民的热爱。新时期领导干部的楷模杨善洲，荒山义务植树20余年，晚年为党、国家和人民做出新贡献。他的这种不怕困难的勇气哪里来？就是来自于对党、国家和人民的热爱。

1988年4月，60岁的杨善洲同志从保山地委书记的岗位上光荣退休。时任省委书记的普朝柱代表省委找他谈话，让他搬到昆明居住，并说还可以到省人大常委会工作一段时间。

杨善洲婉言谢绝了。他说："我要回到家乡施甸种树，为家乡百姓造一片绿洲"。

"为家乡百姓造一片绿洲"，杨善洲朴实的话语蕴含着对人民群众深深热爱的感情。

第三，领导干部负责的勇气，来源于对党、国家和人民事业的敬重。前苏联的奥斯特洛夫斯基曾经说过这样一段经典的话："共同的事业，共同的斗争，可以使人们产生忍受一切的力量。"

这种能够"忍受一切的力量"就是坚忍不拔的勇气。我们正在建设社会主义现代化的伟大事业，对这种事业的敬重，会让领导干部产生非凡的勇气。

（四）勇于负责，为抓落实增添力量

记得有人说过："人生所有的履历都必须排在勇于负责的精神之后。"

六、抓落实，要勇于负责

领导干部抓落实要勇于负责，就是要有勇于负责的勇气。责任，犹如一种能量，它能激发人的各种潜能，使人能够以极大的热忱投入工作。所以，人们说，责任胜过能力。

领导干部抓落实，如果没有负责的勇气，就会对工作敷衍了事，得过且过，遇到困难往后退，遇到矛盾绕道走，力求做一个四平八稳的"太平官"。

只有具有高度责任的勇气，领导干部才会自觉自愿、以极大的热情和百分之百的努力去抓落实。所以，领导干部抓落实，要有勇于负责的魄力。在这种责任心的驱使下，会激发出领导干部的内在潜力。

首先，责任出信心、出毅力。戴高乐以"恢复法兰西的伟大"为终身职责。1940年，戴高乐身为装甲师师长在前线积极阻击希特勒德国对法国的袭击。法国宣布投降后，他领导了"自由法国"运动，积极反抗德国法西斯的统治。1944年6月任法兰西共和国临时政府首脑，随后在盟军的协助下解放了法国全境。1958年12月当选为法兰西第五共和国总统。

在戴高乐的眼中，"法兰西"三个字不仅是个地理概念、政治术语，而且是个精神实体。在感情上，他总是把法国看作一个不是取得伟大成功便是遭受惩戒性大灾难的国家。在理智上，他认为，如果不是站在最前列，法国就不是法国。

戴高乐不能容忍法国有着世界强国的伟大历史，却只拥有美国的经济和军事实力的一个零头的现实状况，因此，他立志要使法国走向伟大。他坚持不懈地号召法国人民攀登"高峰"，虽然"高峰"有时只是淡淡的影子、若隐若现的梦幻。但对戴高乐来说，重要的是要让人民感到自己是在不断地向高处攀登。他认为，只有这样，国家才能伟大。他曾说过："除非法国从事于一种伟大的事业，否则他就不成其为法国了。"

正如尼克松指出的：戴高乐的事业就是法兰西。他由于常常充满强烈的民族主义情绪，而富于高度、炽热、赤诚的爱国主义思想。他把自己看作是法兰西的化身，而他的使命就是发扬法兰西精神。在戴高乐的《战争回忆录》一开篇，就宣称："在我的一生中，我总是这样或那样地想到法国。"他还一再表白："使法国伟大，是我心上的唯一目标和我生命中最崇高的目的。"的确，在戴高乐的一生中，没有一件事比法国光荣的象征更能鼓舞他，也没有一件事比法国的软弱和失败更使他伤心。①

正是由于戴高乐以"恢复法兰西的伟大"为终身职责的强烈愿望，使得他一生都在不停的为法兰西奋斗；也正是这份责任，使得戴高乐对法兰西的事业充满了信心；也

---

① 戴高乐的事迹，源自史蒂芬·迪夫：《领导力》，延边人民出版社2003年版，第73—75页。

正是这份责任，激发了他不懈努力、长期坚持的毅力。

其次，责任出智慧、出勇气。强烈的责任感，能使人在工作中，敢于挑战各种艰难险阻，发挥出超常的水平；能使人在危机时刻迸发出智慧和非凡的勇气。因为，此时他心中想着的是他身上那重于泰山的责任。

一位人力资源部经理，在给员工进行培训时讲了他的一次亲身经历。他对公司员工说，他一辈子都不能忘记这次经历，而且他要组织公司的员工也接受这样的一次训练。他想让员工知道，责任是什么。

"这是一次野外拓展训练。

一群陌生的人组成一个团队。我们需要完成四项任务，每一项任务都需要集体来完成。如果有一个人没有完成，那么输掉的将是整个团队。

每一项任务极为艰难。不过还好，我们这支叫做'狂飙'的队伍已经完成了艰难的3项，只剩下最后一项任务了。任务名曰：'一线生机'。要求队员必须爬到十米高的一个立柱上，然后站到立柱顶端的一个圆盘上，接着向斜前方纵身一跃，凌空抓住距离自己有1.2米远的一根横木，算完成任务。据这里的管理人员说，有很多人站到圆盘上不敢站起来，甚至都吓哭了，更别说完成任务。

没有一个队员有足够的把握完成任务，很多人甚至连勇气都不足。但是必须完成，否则所有的努力都将前功尽弃。

总会有一个人敢吃螃蟹,在其他队员近乎喊破嗓子的呐喊加油声中,这个敢吃螃蟹的人成功了。大家相互鼓励,一个接一个都完成了任务。

轮到最后一位了。一个娇小的女生。

当她刚刚爬上立柱的时候,我们就看到她的腿在发抖,而且越抖越厉害。我知道,其实很多人都知道,我们输了。但大家还是给了她最坚决、最热烈、最振奋人心的支持和鼓励还有指导,因为那个时候输赢已经不重要了,大家就是觉得不能让她一个人落下。这是我们的责任,她是我们的队员,我们有责任带她一起走。

当我们的心已经提到嗓子眼儿的时候,她已经蹲在圆盘上了。看得出,仅是站起来对她来讲都是极为艰难的事情。大家还在拼命加油,虽然大家都知道,对于站在十米高地方的她而言,我们的声音已经很微小了,甚至根本听不清我们在说什么,但我们能做的只有这些了,而且我们必须把我们能做的做好,这是责任。

她真的站了起来。我们知道,一个人站在上面真是很困难,无依无靠,甚至有些孤独,尽管仅仅是一刹那间。所有人都屏住了呼吸。

好像是在等了好久之后,她纵身一跃。我们都闭上了眼睛。我觉得那一刻,我比她更紧张。

她成功了。之后是雷鸣般的掌声,我还记得当时我的手都拍疼了。不光是因为胜利,最主要的是完成了任务。我们的任务,还有她的任务。我们没有丢下她,她没让我们失望。

后来,这个女生对我们说她有轻度的恐高症,'但是,我不能放弃,我的放弃会使整个集体输掉。'她的话像锤子一样重重地砸在了我们的心里,我们知道,那是责任的力量。"①

是强烈的责任感,给了她这样大的勇气。责任感就犹如催化剂,它促使责任人,尽心竭力的出主意、想办法,穷尽智慧和拿出勇气去完成他的责任。

第三,责任出力量、出成效。2008年汶川地震中这样感人的一幕人们不会忘记:

母亲已死,3个月的孩子压在她身下,手机留下了:"亲爱的宝贝,如果你能活着,一定要记住我爱你。"

救援人员发现她的时候,她已经死了,是被垮塌下来的房子压死的,透过那一堆废墟的间隙可以看到她死亡的姿势,双膝跪着,整个上身向前匍匐着,双手扶着地支撑着身体,有些像古人行跪拜礼,只是身体被压的变形了,看上去有些诡异。

救援人员从废墟的空隙伸手进去确认了她已经死亡,又在冲着废墟喊了几声,用撬棍在砖头上敲了几下,里面没有任何回应。当人群走到下一个建筑物的时候,救援队

---

① 宿春礼、周韶梅:《责任胜于能力》,石油工业出版社2006年版,第126—127页。

长忽然往回跑,边跑边喊"快过来"。他又来到她的尸体前,费力的把手伸进女人的身子底下摸索,他摸了几下高声的喊"有人,有个孩子,还活着"。经过一番努力,人们小心的把挡着她的废墟清理开,在她的身体下面躺着她的孩子,包在一个红色带黄花的小被子里,大概有3、4个月大,因为母亲身体庇护着,他毫发未伤,抱出来的时候,他还安静的睡着,他熟睡的脸让所有在场的人感到很温暖。随行的医生过来解开被子准备做些检查,发现有一部手机塞在被子里,医生下意识的看了下手机屏幕,发现屏幕上是一条已经写好的短信:"亲爱的宝贝,如果你能活着,一定要记住我爱你"。看惯了生离死别的医生却在这一刻落泪了,手机传递着,每个看到短信的人都落泪了。

是责任,是作为一位母亲的责任,给了这位母亲巨大的力量,使得她不惜牺牲自己的生命保护了自己的孩子。

这段故事我不记得出处,但我却记下了这个故事的全部内容。

我从中体悟到:一个人有了高度的责任感,他的心中就会时刻想着那份责任,就会在做事情的时候发挥主动精神,努力克服困难,在责任的激励下,爆发出无穷的力量,去做出一番惊人的成绩。

所以,领导干部抓落实,一定要首先具有责任感,拿出勇于负责的魄力,才能在工作中以饱满的热情,发挥出巨大的潜质,做出令人民满意的成绩。

七、抓落实，要锲而不舍

习近平同志讲："抓落实，贵在持之以恒，也难在持之以恒。有些地方、部门和单位抓落实之所以成效不佳，往往与缺乏经常抓、反复抓、持久抓有关。如果抓一阵子松一阵子，热一阵子冷一阵子，不能一抓到底，那怎么能把工作落实好呢？抓落实，一定要防止虎头蛇尾。目标确定了，任务明确了，就要咬定青山不放松，不达目的不罢休。"习近平同志的话，概括来讲，就是抓落实，要锲而不舍。

（一）锲而不舍，金石可镂

"锲而舍之，朽木不折；锲而不舍，金石可镂。蚓无爪牙之利，筋骨之强，上食埃土，下饮黄泉，用心一也。蟹六跪而二螯，非蛇鳝之穴无可寄托者，用心躁也。"

这是荀子《劝学》中的一段话。荀子的意思是说，拿刀刻东西，如果中途停止了，腐朽的木头也刻不断；如果不停地刻下去，即使是金石也能雕刻。蚯蚓没有锋利的爪牙，强劲的筋骨，但它却能上吃泥土，下饮泉水，这是因为它用心专一的缘故;螃蟹有六条腿,两只大钳,然而没有蛇鳝的洞穴它就无处容身,这是因为它心浮气躁的缘故。

荀子虽然是劝学,但对领导干部抓落实也同样有着启迪作用。

抓落实,说起来简单,但要真正把它抓好,抓到位,没有锲而不舍的精神是办不到的。因为抓落实,必然会遇到许多矛盾和问题。面对困难,如果没有锲而不舍的精神,就会半途而废;只有锲而不舍,迎着困难上,才能抵达成功的彼岸。请看红军长征中的一段故事:

长征途中,中共中央和中央军委联合发出了《关于一、四方面军会合以开展新局面的战略任务的指示》。该《指示》指出:"我军基本任务,是用一切努力,不顾一切困难,取得与四方面军直接会合。""我军必须以迅雷之势突破芦山、宝兴之线守敌,奇取懋功,控制小金流域于我手中,以为前进之枢纽。"

实现这个战略目标的关键,是要翻越海拔4900多米的夹金山。

夹金山终年积雪,空气稀薄,气候变化无常,人迹罕至。此时,指战员衣衫单薄,还有许多战士身带重伤。但坚强的红军战士,忍受着严寒,迈开双腿向雪山前进。毛泽东、朱德等领导同志身穿夹衣夹裤,手持木棍,带头走在队伍的前面。

攀登到半山时,气候突变,狂风挟着冰雹劈头盖脸打来。指战员们手拉着手，同狂风冰雹搏斗着。

快接近山顶了，空气越来越稀薄。指挥员们一个劲儿地告诉战士们，无论如何不能停下休息，停下休息非常危险。大家搀扶着，终于胜利地翻过了大雪山。红一方面军与红四方面军于6月14日在懋功县胜利会师。

显而易见，红军指战员如果没有锲而不舍的精神，是无法落实中共中央和中央军委指示的，也是无法实现"取得与四方面军直接会合"、"奇取懋功，控制小金流域于我手中"的战略目标的。

（二）锲而不舍，要咬定青山不放松

"咬定青山不放松，立根原在破岩中。千磨万击还坚劲，任尔东南西北风。"这是郑板桥的一首诗。抓落实，锲而不舍，就是要有咬定青山不放松的劲头。

新疆南疆喀什地区叶城县的核桃林与山西右玉县的植树造林都是咬定青山不放松的成果。

如果你有机会来到新疆叶城县农村，你会看到在那里的农田中，种植着一排排整齐的核桃树。核桃树下还套种着各种农作物。如今，核桃产业已经成为叶城县农民增收的主要渠道。

然而，叶城县核桃产业的发展并不是一帆风顺的。据当地的一位领导同志介绍，种植核桃树经历了从进地头，到进农田；白天栽上，晚上被拔的过程。但我们认为，决策目标已定,就要按决策目标抓下去。一年接一年地种。

十多年来,叶城县的领导换了许多茬,但当地种植核桃树的目标没有变。有耕耘就有收获。现在叶城县已经有20多万亩核桃进入盛果期,产量超过2.47万吨,核桃收入占农民人均收入的44%以上。这是当地各族干部锲而不舍抓落实所带来的成果。

山西右玉县地处毛乌素沙漠的天然风口地带,是一片风沙成患、山川贫瘠的不毛之地。新中国成立之初,第一任县委书记带领全县人民开始治沙造林。

60多年来,一张蓝图、一个目标,18任县委书记和县委、县政府一班人,一任接着一任、一届接着一届,率领全县干部群众坚持不懈,用心血和汗水绿化了沙丘和荒山,现在树木成荫、生态良好,年降雨量较之解放初期已经得到了显著的增加。

(三)锲而不舍,要不言放弃

1948年的一天,牛津大学邀请丘吉尔就"成功秘诀"做演讲。丘吉尔一露面,会场上就掌声雷动。丘吉尔用手势止住如雷的掌声后,说:"我成功的秘诀有三个:第一是,决不放弃;第二是,决不、决不放弃;第三是,决不、决不、决不放弃!我的演讲完了。"

事实证明,成功者都是不言放弃的人。柏拉图为什么能成为著名的哲学家,也是因为他不言放弃。

一天，古希腊著名的哲学家苏格拉底在上课的时候，对他的学生们说："从今天开始，我要求你们每天做一件最简单也是最容易做到的事情。就是每个人把胳膊尽量往前甩，然后再尽量往后甩。总共甩 300 下。"

说着，苏格拉底作了一遍示范动作。然后问："大家能做到吗？"

学生们笑着回答道，就这么简单的事情，有什么做不到的？

过了一个月，苏格拉底问学生们："有多少同学每天坚持甩手 300 下？"有 90% 的同学骄傲地举起了手。

又过了一个月，苏格拉底又问了同样的问题。这回，有 80% 的同学自豪地举起了手。

一年过后，苏格拉底再一次问大家："一年之前，我要求你们每人每天坚持甩手 300 下，请做到的举手？"结果，只有一个人举起了手。这个学生就是后来成为古希腊另一位大哲学家的柏拉图。

领导干部抓落实，就要有这种不言放弃的精神。执著地去抓，不达目的不罢休。有了这种不达目的不罢休的精神，何惧各种困难？

（四）锲而不舍，要知难敢进

领导干部抓落实，不可避免地要遇到各种各样的困难。抓落实中的困难，是指事情复杂，实现目标任务的阻碍多。

面对困难，是知难而进，还是萎缩退避，不同的态度决定着抓落实的结果。

领导干部抓落实，锲而不舍，必须有知难而进的态度。勇于直面困难，善于解决困难。

首先，要正确认识困难。"事不避难，知难不难"。领导干部抓落实，知难而进，一定要正确地认识面对的困难。

困难就是矛盾。矛盾是无处不在的，领导工作就是要解决矛盾。领导工作既然是要解决矛盾，解决困难也就是领导过程的应有之义。

困难具有两面性。领导干部在抓落实中，困难的确是实现领导工作目标的阻碍，但如果解决了困难，困难就会成为前进路上的阶梯。

困难像弹簧，你弱它就强。困难是欺软怕硬的，你如果弱，它就处处是你工作的阻碍；你如果强，它就是你施展才干的舞台。

其次，要勇于直面困难。困难既然是欺软怕硬，领导干部抓落实，就要勇于直面困难。在困难面前挺起胸膛，不退缩，不回避，不掩饰。

将解决困难为己任。抓落实，有困难在所难免，领导干部要把解决困难为己任。有了这种责任意识，才能直面困难，最终战胜困难。

第三，要善于解决困难。知难而进，不仅要正确认识困难，勇于直面困难，更要善于解决困难，战胜困难。

为解决困难树立信心。有困难不可怕，可怕的是在困难面前退缩，丧失战胜困难、解决困难的信心。领导干部要善于解决困难，必须树立解决困难的信心，要相信有困难就有相应的解决困难的方法。阳光总在风雨后。拿破仑说："最困难之时，就是离成功不远之日"。

为解决困难寻找办法。解决困难的最好办法，就是寻找办法。一位企业家在谈到成功的经验时说："我之所以能有这样的发展，都源于我凡事都愿意找方法解决。我认识很多企业界的成功人士，从他们身上我发现了一个共同的规律：一个优秀的人往往是最重视找方法的人。他们相信凡事都会有方法解决，而且是总有更好的方法。"

困难是一种客观存在。作为一种客观存在，困难是事物内部矛盾的反映。矛盾的发展变化，是有其内在规律性的。因此，寻找解决困难的方法，就需要从矛盾发展变化的内在规律性入手。

矛盾有主要矛盾与次要矛盾之分。解决困难，就要善于区分主要矛盾与次要矛盾。区分了主要矛盾与次要矛盾，就要下工夫首先解决主要矛盾，解决了主要矛盾，次要矛盾就迎刃而解了。

八、抓落实，要敢于碰硬

社会的发展、改革的深入、利益的再调整，使得社会出现许多深层次的矛盾、问题和困难，给领导干部抓落实带来很多的阻力。面对这种现实，没有敢于碰硬的精神是肯定不行的。敢于碰硬就是对待那些急、难、险、重等棘手问题，敢于迎难而上，不畏惧、不退缩、不回避，知难而进，大胆深入的去调查、去追究、去解决。抓落实，必须要有这种敢于碰硬的勇气，敢抓敢管、敢做敢为。敢不敢碰硬，也是领导干部能不能抓好落实的一个重要因素。

（一）敢于碰硬，要敢抓敢管

敢于碰硬，就要敢抓敢管。有的领导干部遇到难事就怕，怕得罪人，怕伤和气，怕担责任，怕丢官位，于是，遇到事情，能推就推，能躲就躲，导致很多工作落实不下去或打了折扣，影响了工作的总体发展。抓落实，怎样才能不怕，敢抓敢管？

首先，人民的利益是敢抓敢管的动力。有的领导干部，从个人私利出发，心中只顾想着自己的小算盘，习惯当老好人，遇到事情，上推下卸、能绕就绕。尤其是遇到难办的事、得罪人的事或关系到比自己官大的人的事，更是怕得很，发现问题不敢提，遇到问题不敢管，该查的不查，该抓的不抓，唯恐丢了乌纱帽，影响了前途。

古人云："为官避事平生耻"，老百姓说："当官不为民做主，不如回家卖红薯"。领导干部是人民的公仆，要牢固树立为人民谋利益、对人民负责的理想信念和态度，把人民的利益放在至高无上的位置，凡是关乎人民的利益的事，不管关系到谁、不管难度有多大都要敢于查处，敢于追究。

我们再看一下四川省南江县原县委常委、县纪委书记王瑛的先进事迹：

2003年5月，王瑛接到了一封举报信。她立即召集会议分析案情，迅速展开调查。在办案的过程中，各种阻力接踵而至，有人甚至扬言："敢查这个案子，你几爷子是不想活了。"王瑛没有被吓倒，她鼓励办案人员："自古邪不压正，只要我们坚持一查到底，真相终将大白于天下。"

专案组同志听王瑛这样一说，深受鼓舞，继续工作。王瑛不辞辛苦，连续奋战5天5夜，她亲自对主要涉案人员进行谈话，相继突破3名关键人物，使案件查办取得实质性进展。两个月的时间，在王瑛的指挥下，专案组果断查结了这起重大案件，10名违纪违法人员受到应有的法律制裁和党政纪处分。①

---

① 《一片丹心书正气——追记中共南江县委常委、纪委书记王瑛》，中国共产党新闻网2009年2月6日。

其次,敢抓敢管,要坚持原则、不畏惧。敢抓敢管,就要一抓到底,遇到问题,碰到矛盾,要坚持按原则办事,不畏惧、不退缩。

中国第一艘核潜艇的诞生,就与聂荣臻元帅的这种执着精神分不开的:

新中国建立初期,船舶工业基础比较薄弱,技术落后。我国海岸线漫长,没有先进的舰艇是不行的。当时,主管国防工业科研工作的聂荣臻元帅,在得知核潜艇的重要作用后,决心为中国建造自己的核潜艇。

1958年6月,聂荣臻元帅以自己的名义起草了一份绝密报告:《关于开展研制导弹原子潜艇的报告》。这份报告很快得到了几位重要领导人的批示,毛泽东同志下决心:"核潜艇,一万年也要搞出来。"

1962年,前苏联撤走了所有的原子能专家,给研制工作带来了很大的困难。再加上当时正赶上三年困难时期,国家没有力量同时支撑原子弹与核潜艇两个项目,于是,有关方面决定先搞原子弹,让核潜艇研制工作下马。

聂荣臻元帅当时表示,核潜艇工作必须坚持下去,不能下马。

在他的坚持下,终于得到了周总理的支持,保留下来一个由50多人组成的核动力研究室,继续研究。

1967年6月,"文化大革命"在全国蔓延开来,聂荣臻元帅和一大批老同志被诬为"二月逆流",受到了林彪,江青一伙人的迫害。为了保证研究工作不被中断,聂荣臻元帅在北京民族饭店召开了由主要工程负责人参加的会议,他在会上说:"核潜艇工程是毛主席亲自批准的,中央集体研究决定的一项关系着国防建设的重要工程。任何人也没有资格,没有理由让它半途夭折!"在得知那些造反派对核潜艇研制工作横加干涉和阻挠后,他愤怒的大声说:"不要理他们!抓国防建设,何罪之有?就是戴手铐,核潜艇工程我也抓定了!"

尽管如此,在造反派的干扰下,核潜艇研制工作还是未能很好的开展。这时,为了能够使工作继续下去,不受影响,核潜艇工程办公室的同志们以中央军委的名义发了一个《特别公函》,说明了核潜艇工程的重要意义,并作出了几条任何人不得违反的规定,并把研制任务一个单位一个单位的落实下去。

当最后报请聂荣臻元帅审批的时候,尽管他被诬为"二月逆流"而正遭受压制和打击,可是,他没有顾忌,毫不犹豫的签发了这份《特别公函》。

有了这份《特别公函》,等于研制核潜艇成为了最高统帅部的指示,从而保证了核潜艇研制工作一直下去,没有再中断过。在聂荣臻元帅的带领下,我国终于在1970年将第一艘核潜艇研制成功。[①]

---

① 《聂荣臻与中国第一艘核潜艇》,中国网 2006 年 8 月 3 日。

可以讲,如果没有聂帅的坚持,中国的核潜艇不知还要再拖延几年才能被研制出来。

领导干部在工作中,凡属于国于民有益的事情,就应该像聂帅那样,坚持原则,不怕歪风邪气,克服畏惧心理,坚持一抓到底。"怕"字当头,是干不好工作,抓不好落实的。

第三,敢抓敢管,要主动迎难而上、不回避。曾国藩曾经说过:"天下最难的是当官。"当一个无所事事的庸官容易,要当一个能干事、干成事,不出事的官员不是一件容易的事。领导干部要抓好落实也是如此。抓落实会遇到重重的困难。遇到困难怎么办,你视而不见,回避它,可是它仍然存在,而且还可能会愈演愈烈,最后到了不可收拾的地步。与其如此,不如正视它,挑战它,主动迎难而上,想方设法战胜它。

做领导干部就要为人民负责。为人民负责,遇到困难,就应该迎难而上,毫不回避,这样才能不辜负党的期望,人民的重托。

(二)敢于碰硬,要勇于"亮剑"

有一部电视剧名叫《亮剑》,在电视剧里,主演李云龙是这样解释亮剑精神的:"古代剑客们,在与对手狭路相逢时,无论对手有多么强大,就算对方是天下第一剑客,明知不敌,也要亮出自己的宝剑,即使倒在对手的剑下,也虽败犹荣。这就是亮剑精神。"

亮剑精神，就是面对比自己强大的对象时，表现出来的勇气。

领导干部抓落实，会遇到各种各样的困难，如果遇事就怕，见事就躲，工作根本就无法开展下去，更谈不上落实。

领导干部抓落实，需要有亮剑精神。有了这种亮剑精神，就有了敢于碰硬的勇气。也许工作很复杂，困难很大，麻烦很多；也许处理的难度已经超出了自己的能力上限，但是，只要勇于亮剑，便总能为工作打开一定的局面，最后，终会成功。

首先，勇于亮剑，要敢于突破陈规，大胆尝试、敢于创新。我国现在正处在发展的关键时期，新的矛盾、新的问题层出不穷。如何很好地解决这些问题，需要我们解放思想，积极探索解决当今这些问题的方法和途径。

亮剑精神，要求领导干部在问题和矛盾面前，大胆解放思想，敢于突破陈规，大胆尝试，创新工作方法。有了这样敢闯敢于碰硬的精神，才能有效地解决问题，落实好工作部署，实现领导目标。

曾记得，《实践是检验真理的唯一标准》一文的发表，引发了中国关于真理标准问题的大讨论。这篇文章的作者胡福明为此做出了很大的贡献。

胡福明，当时是南京大学哲学系的一名讲师。1976年

10月,正是"四人帮"被粉碎后的拨乱反正时期。可是,党中央在政治上粉碎"四人帮"的同时,在指导思想上出现了继续"文革"错误的"两个凡是"。

1977年2月7日,当时最有影响的两报一刊(《人民日报》、《解放军报》和《红旗》杂志)的社论《学好文件抓住纲》中提出了"凡是毛主席作出的决策,我们都要坚决维护,凡是毛主席的指示,我们都始终不渝地遵循"。

南京大学是十年"文革"的重灾区,此时,从"文革"中逃离出来的胡福明正积极投入批判"四人帮"的活动中。

当他得知"两个凡是"的时候,吃了一惊。基于政治的敏感性,他马上意识到他抓住了批判"四人帮"、批判文革错误路线的靶子。

"两个凡是"是两报一刊的社论主题,很明显就是当时中央的方针。"打仗也要讲策略,在那个年代,直接点名去批社论,我敢写,也没人敢发。"胡福明说。

胡福明用林彪的"天才论"和"句句是真理",作为"两个凡是"替身。方法上,胡福明也选择了打"语录战"。"当时我想,你们不是讲马列吗?那我也讲马列,让你们看看到底什么才是真正的马列。"他说。

"我当时观点已经明确了,就是要批判'两个凡是',但是心里有点虚啊。"胡福明说。

胡福明之所以心虚,那是因为,"两个凡是"是打着"高举毛泽东思想的旗子"出现的,批判它就等于否定毛主席,否定毛泽东思想,在当时的中国没有比这个罪名更大的了。

他做了激烈的思想斗争,犹豫了一个多月后,下定决心开始写作。

经过一番艰苦的写作,1977年9月,他将题为《实践是检验真理的标准》8000字左右的文章寄给了《光明日报》哲学组的王强华同志。

文章寄出去后好几个月没有消息,直到1978年1月19日,胡福明才收到了王强华的来信及文章小样。文章经过多位同志反复共同讨论和修改后,最后由胡耀邦审定,《实践是检验真理的唯一标准》于1978年5月10日由中央党校内部刊物《理论动态》发表,接着,5月11日《光明日报》以特约评论员文章公开发表在第一版,新华社也于当天转发了文章全文,《人民日报》、《解放军报》也于次日全文转发。

之后,如胡福明所料,这篇文章一发表,就被批成了"在理论上是荒谬的,在思想上是反动的,在政治上是砍旗的。"此时,胡福明已经做好了坐牢的准备。然而,这篇文章却很快得到了邓小平同志的注意。

在邓小平同志的肯定和支持下,这篇文章成了后来全国性真理标准问题大讨论的导火索。①不难看出,胡福明是

---

① 《胡福明与"真理大讨论"的三十年》,新华网江苏频道2009年9月23日。

有"亮剑精神"的。

领导干部在抓落实的过程中，会遇到各种各样的具体问题，拿出"亮剑精神"，打破那些不合时宜的陈规旧俗，大胆尝试，勇于创新，才会取得更好的成绩。

其次，勇于亮剑，要全力以赴迎接挑战。矛盾和问题出现了，不会因为你怕而消失，只会因为你怕而越来越严重，越来越复杂，越来越难解决。所以，面对矛盾和问题，要毫不畏惧，主动迎接挑战，全力以赴的去战胜它。

在四川汶川的特大地震中，汶川的各级领导干部面对灾难，就发挥了"亮剑精神"。正因为他们发挥了亮剑精神，带领人民，并在全国各地的大力支持下，战胜了灾难，重建了家园。

有的时候，也许就如李云龙所说的："明知不敌，也要亮出你自己的宝剑"，但是，在决定亮出你的宝剑后，就要抛开畏惧，全力以赴的去挑战它。

第三，勇于亮剑，就要意志坚强。在工作中，有的时候困难要比人们想象的大得多，如《亮剑》中李云龙对亮剑精神的解释那样，明知困难很大，可能你的力量不一定能战胜它，可是你依然要"亮出自己的宝剑"，即使失败了，也"虽败犹荣"。

抓落实，不管遇到的困难有多大，都要敢于亮出你自己的宝剑，坚持下去，不要放弃。

刚结束不久的中国在利比亚撤侨行动的圆满成功，显示了中国政府的"亮剑精神"。

自从 2011 年 2 月 16 日以来,利比亚局势持续动荡,随后爆发的骚乱和流血事件不断升级,各国侨民开始从利比亚逃离。

中国在利比亚的侨民有 3 万多,从 2 月 23 日起,中国政府组成了由多个部门组成的 3 个工作组,分别赴利比亚首都的黎波里及利比亚与突尼斯边境,东部和中部城市班加西、米苏拉塔,以及南部城市塞卜哈协助组织撤离工作。

工作组冒着生命危险,克服了重重困难,在最短的时间内打通了海、陆、空"生命线"。

这期间,中国政府协调派出 91 架次民航包机、12 架次军机、5 艘货轮、1 艘护卫舰,租用了 35 架次外国包机、11 艘次外籍邮轮和 100 余班次客车,海、陆、空一起行动,使 3 万多名中国公民有序、迅速、安全地回到了祖国。

这是新中国成立以来,最大规模的有组织撤离海外中国公民行动。[①]

这次撤侨行动赢得了外媒的高度评价。在危机面前,中国政府没有退缩,没有放弃,而是想方设法,勇敢面对,并最终以坚强的意志,完成了这项伟大的任务。

亮出"剑"来,哪怕困难再大,也有战胜的可能。否

[①] 谭晶晶、侯丽军、林红梅、张泪泪、申进科:《中国在利比亚撤侨圆满结束》,新华网 2011 年 3 月 6 日。

则,便没有一线希望。

(三)敢于碰硬,要练就碰硬的功夫

领导干部抓落实要敢于碰硬。但仅有敢于碰硬的勇气是不够的,必须要有敢于碰硬的功夫才行。

敢于碰硬并非是一件容易的事。领导干部抓落实,面对各种困难和来自各方面的压力,需要练就碰硬的功夫。如何练就碰硬的功夫?

首先,要有坚定的信念。明知碰硬不容易,却为什么还敢于去碰?一个根本的原因就是领导干部心中那坚定的信念。这个信念就是对党负责、对人民负责。

这个坚定的信念,就是领导干部心中的强大的精神支柱,有了这个信念,他就敢于坚持原则、坚持正义、敢于碰硬。

如今的官场,"窝案"、"集团腐败案"时有发生,如黑龙江省绥化市原市委书记马德的案子,是建国以来查处的一起较大的卖官案,这个案件涉及265名官员,其中包括绥化市下辖10个县市的众多处级以上干部,仅绥化市各部门的一把手就有50多人。[1]

之所以会出现这样的"窝案"、"集团腐败案",当然有

---

[1] 蔡恩泽:《解读官场潜规则》,《党政干部学刊》2005年第2期,第38页。

很多外在的原因，但从领导干部个人来说，就是因为他们信念不坚定，不敢坚持原则，不敢站出来去抵制这种违法违纪行为。

坚定的信念，就如同个人的精神支柱，她会支撑着你对原则问题敢于坚持，对敏感问题敢于碰硬。事实证明，一个领导干部的信念越坚定，他处理起事情来就越坚定，越敢于碰硬。

其次，要有敢于碰硬的浩然正气。所谓浩然正气就是正大刚直的气势。现在的社会，灯红酒绿，诱惑颇多，如果抵挡不住，一不小心，就会失足。

领导干部要正视手中的权力，面对诱惑，要保持气节，不动摇；面对歪风邪气，要坚持原则，不同流合污；面对违法违纪事件，要保持正义，敢于揭发。

作为一个领导干部，只有做到正直、无欲、无私，才能无畏，做到了无所畏惧，才敢于去碰硬。

领导干部有了浩然正气，从自身的角度来讲，清正廉洁、刚正不阿，正所谓"打铁还需自身硬"，本身正直，清廉，才有敢于碰硬的底气。否则，自己都不干净，还敢去管别人！另一方面，有了一身正气，这种品格就会促使他自发的去与那些歪风邪气对抗，遇到问题、矛盾，敢于站出来，不被困难吓倒，大胆地去解决。

第三，要有敢于碰硬的足够勇气。敢于碰硬，还要有足够的勇气。为什么很多人不敢去碰硬，那是因为，如果碰硬的结果如一般的事情那样圆满解决，对本人没有任何影响，那当然是好的。但是，在现实中，更多的情况是，碰了硬，一方面，在单位内部，会造成很多人对你的不理解、误会，或者是同事之间的矛盾、孤立，甚至敌视，这使得你在单位中处于很尴尬的境地。更严重的，还可能会有来自上级领导的压力。轻者，领导会找你说人情，劝阻你；重者，便会影响到你以后的发展，甚至丢掉"乌纱帽"都很有可能。另一方面，是来自外界的压力，当事人对你的利诱和威胁，亲戚朋友向你讨人情，相关部门对你的施压等等。

面对着碰硬后的种种可能的后果，没有足够碰硬的勇气是不行的。

抓落实，什么样的情况都可能遇到，没有安安稳稳的太平官，也没有一帆风顺的仕途生涯，遇到问题总要处理，好处理的事情要处理，难办的事情也要坚决去办。要拿出毫不畏惧的勇气，只要是出于公心，于民有利的事，即使面对误会和不解，也要不退缩、不放弃；遇到不公道、不合法、损害人民利益的事，不管多难办，不管关系到谁，也要一查到底。

勇气是敢于碰硬的内在动力，在勇者面前，任何问题和困难都能最终解决。

当年拉开中国农村改革头幕的安徽凤阳县小岗村，一直很贫穷，穷则思变。在队长严俊昌的带领下，18户农民的代表坐在一起，顶着坐牢的风险，在一张契约上按下了红手印，这张契约上写着：宁愿坐牢杀头，也要分田到户搞包干。他们把队里的土地分了，承包到了每一个农户。这在当时，就等于"资产阶级复辟"。①

小岗村的改革，推动了联产承包责任制在全国农村的推广，成为了中国农村改革的先声。

在今天看来这是很普通的行为，可是在当年，走出那一步需要何等的勇气。敢于碰硬，没有这样的勇气是不行的。

第四，要有敢于碰硬的聪明智慧。敢于碰硬，有了信念、正气和勇气还不行，碰硬不是让你去硬碰，而是还需要有碰硬的资本，那就是"聪明智慧"。

为什么我们称之为"硬"，就是因为它难办、不好办，所以好多人才不敢去碰。而即使你有勇气去碰，也未必能碰的成功。练就一身聪明智慧，用你的聪明智慧，以恰当的方式和方法，这样才能碰得过。

看过《三国演义》的人，都知道诸葛亮草船借箭的一段故事：

三国时期，魏国来攻打吴国，吴国元帅周瑜决定用弓箭来防御，可是在短时间内很难造出10万支箭。他就和来访的蜀国军师诸葛亮商量，诸葛亮答应他三天之内能为他

---

① 《大包干：18个农民干的那件事儿》，《潇湘晨报》2008年4月4日。

"造"出这些箭。

诸葛亮让吴国的大臣鲁肃为他准备20只小船,每只船上要30个军士,船上全用青布为幔,并插满草。

第三天半夜,诸葛亮命令二十只小船用长绳子连接在一起,向魏军的宿营地进发。

这天夜里雾很大,伸手不见五指。当船队接近魏军营地时,诸葛亮命令把船队一字排开,然后命令军士在船上擂鼓呐喊。

魏军听到擂鼓呐喊声后,因为雾很大,看不清,不知道对方的具体情况,为防止敌军登陆,就命令弓箭手射箭。就这样,弓箭都射在了草把上,借箭成功。[1]

通过这个故事,我们可以看出,做事需要聪明智慧。碰硬也不是蛮干,也同样需要聪明智慧。

碰硬的目的是为解决问题,需要领导干部开动脑筋,探索合适的方式方法。要抓住"理",找到"实据",既要坚持原则,又要把握灵活性,学会周旋,学会智取。

---

[1] 清风:《诸葛亮草船借箭的故事》,时代人物网2009年3月19日。

九、抓落实，要开拓创新

有个美国人去俄罗斯旅游。一天，在俄罗斯的一条马路边上，他看到了一个奇怪的现象：

一个俄罗斯人拿着铲子在路边挖坑，每隔3公尺挖一个。他干得很认真，坑也挖得非常工整。另一个工人却跟在他的后面，把他刚挖好的坑立刻回填起来。

美国人觉得奇怪，便问那一位挖坑的俄罗斯工人："为什么你们一个挖坑，另一个马上便把坑给填起来呢？"

那个挖坑的工人回答道："我们是在绿化道路。根据规定，我负责挖坑，第二个人负责种树，第三个人负责填土。不过，今天第二个人请假没来。"

这是一个幽默的故事。这个幽默的故事可以给我们这样的启示：机械的落实，其后果不亚于不落实。由此而言，抓落实，必须要开拓创新，原则性与灵活性相结合，要把上级的精神和本单位、本部门的实际紧密结合起来，创造性地开展工作。做到："不离上级谱，唱好自己的戏。"

(一)开拓创新,抓落实的法宝

江泽民同志曾经讲过:"创新是一个民族进步的灵魂,是国家兴旺发达的不竭动力。"就抓落实来讲,开拓创新也是抓落实的法宝。

创新,需要有创新思维,即遇到问题能用"一种新颖而有价值的,非传统的,具有高度机动性和坚持性,而且能清楚地勾画和解决问题的思维"来解决问题。

首先,思维不同,结果迥异。我记得在网络上看到这样一个故事:

一家鞋厂,先后派了两位推销员到一个小岛上去推销鞋。第一位推销员来到岛上一看,很郁闷。因为他发现这个岛上所有的人都没有穿鞋的习惯。于是,他发电报回厂,这里没有鞋的销路。

第二位推销员也来到了岛上。他一看,非常高兴:这个岛上鞋的销售市场太大了。于是,他马上发电报,抓紧把鞋运来。结果,他大获全胜。

我们看,两位推销员不同的思维,带来了两种不同的结果。第一位推销员销售业绩在此小岛上为零,而第二位推销员的业绩却是十分优良。

其次,有了创新思维,不可能会变为可能。在抓落实的过程中,领导干部有时会遇到复杂的难题。面对难题,领导干部需要具有创新思维。而这种思维会有助于难题的解决。山东省肥城市在这方面是吃到甜头的。

肥城市位于山东中部，泰山西麓，是资源丰富的鲁中宝地，闻名中外的肥桃之乡。全市总面积1277平方公里，辖14个乡镇（街道办事处），1个省级高新技术产业开发区，总人口97.1万。

肥城市不仅是全国县域经济基本竞争力百强县（市）、新农村建设明星市、绿色小康县（市），全国中小城市综合实力百强、科学发展百强、最具投资潜力百强和山东省经济强县（市）、精神文明建设先进市，还是全国粮食大县和果品、蔬菜、瘦肉型猪生产基地县。全市年粮食总产量5亿公斤以上，果品总产量2亿公斤以上，国际认证的7.6万亩有机蔬菜基地已经建成。肥城桃是全国名牌农产品，年产量5000多万公斤，被国家命名为"中国佛桃之乡"。10万亩桃园被正式列入上海吉尼斯大全。

肥城市工业门类比较齐全，开放型经济发展较快。境内有中央省市属企业、外商投资企业、骨干民营企业等300多家，已形成了煤炭、电力、冶金、建材、机械、化工、轻纺、电子、食品等9大主导产业的工业生产体系。已与美、英、德、日、俄、韩和东南亚等50多个国家和地区建立了经贸合作关系。年出口能力达8亿元以上。中美合资的2万吨甲酸项目是亚洲最大的甲酸生产装置；与日韩合资的吉明美工业有限公司，汽车水泵、万向节的生产出口能力居全国前列。建筑安装业发达。建安队伍10万余人，施工覆盖全国28个省市,并到日本、以色列等国家承揽建安工程。被山东省政府首批命名为"建安之乡",位居山东"建筑业十强县"之首。

肥城市科教水平不断提高,社会事业全面进步。是全国科技工作先进市、基础教育先进市和"双基"工作先进市。市高新技术开发区是省级开发区和"星火"密集区。文化、体育和广播电视事业也是全面的发展。

山东省肥城市为什么会呈现全面科学发展的状态,这是跟他们"创新机制抓落实"分不开的。

他们通过创新教育培养机制,锻造了落实型的干部队伍;通过创新行政运作机制,为落实提供了高效的流程;通过创新制度机制,使落实有章可循;通过创新督查督办机制,保证工作落实准确到位;通过创新政策奖惩机制,奖优罚差促进工作落实;通过创新绩效考评机制,激发落实工作的内驱力;通过创新人才动力机制,为落实提供智力支持;通过创新班子管理机制,为落实提供组织保障;通过创新落实文化机制,让落实成为工作习惯。

(二)开拓创新,要解放思想

解放,词典上的解释是"解除束缚"。由此而言,解放思想,就是要解除思想上的束缚。就抓落实来说,领导干部要解除哪些思想上的束缚呢?

首先,要解除错误观念的束缚。在抓落实的问题上,有的领导干部存在着"狠抓落实就是开会，工作部署就是实绩"的错误观念。这种错误的观念会束缚领导干部的思想。因为有了这种错误观念的束缚，领导干部就不会俯下身子抓落实，就不会脚踏实地抓落实。就会把落实抓在表面上，抓在口头上，抓在房间里。

其次，要解除经验主义的束缚。解放思想，解除经验主义的束缚，就是要使自己的思想认识，随着不断发展的客观实际的变化而变化。我曾经看到过这样一个故事：

从前，有个卖草帽的人。一天，他卖草帽卖累了，正好路边有棵大树。他就把草帽放下，倚着大树打起盹来。等他醒来，却发现草帽都不见了。抬头一看，树上有许多猴子，每个猴子的头上都戴着草帽。他想，猴子喜欢模仿人的动作，就把自己头上的草帽摘下来，丢在地上。猴子也学着他的样子，将草帽纷纷丢在地上。卖草帽的高兴地捡起草帽，回家去了，并将这一奇特的事告诉了他的儿子和孙子。

若干年后，他的孙子继承了家业。一天，他在卖草帽的时候，也遭遇了他爷爷同样的事。孙子想到爷爷曾告诉他的方法，便摘下草帽扔在地上。可奇怪的是，猴子们没有模仿他的动作。不久，猴王出现了，捡起地上的草帽说：开什么玩笑！你以为只有你有爷爷吗？

不言而喻，是经验主义让卖草帽的人丢掉了草帽。事实上，经验是人类的宝贵财富，但客观事物是不断发展变化的。客观事物发展变化了，如果一个人还是抱着老经验不放，就会脱离客观现实从而导致问题的发生，影响工作目标的实现。

第三，要解除教条主义的束缚。解放思想，解除教条主义的束缚，就是要使思想和实际相符合，使主观和客观相符合，实事求是地、创造性地开展工作。

教条主义是马克思主义者们所坚决反对的。马克思就曾态度鲜明地表示，我不主张我们树起任何教条主义的旗帜。恩格斯也申明，我们的理论是发展的理论，而不是必须背得烂熟并机械地加以重复的教条。毛泽东同志则要求有教条主义思想的人"必须抛弃教条主义"。而邓小平同志多次强调："我们的现代化建设，必须从中国的实际出发。无论是革命还是建设，都要注意学习和借鉴外国经验。但是，照抄照搬别国经验、别国模式，从来不能得到成功。这方面我们有过不少教训。把马克思主义的普遍真理同我国的具体实际结合起来，走自己的道路，建设有中国特色的社会主义，这就是我们总结长期历史经验得出的基本结论。"①

解放思想，必须解除教条主义的束缚，紧密联系本地区、本部门、本单位的客观实际，抓好落实。

（三）开拓创新，要培养创造力

有一个老和尚问一个小和尚："如果往前走是死，往后退是亡，你往哪里走？"小和尚回答："我往旁边走。"

---

① 《邓小平文选》第3卷，人民出版社1993年版，第2—3页。

"往旁边走",避免的是死亡,开辟的是生路。开拓创新,就是为了开辟生路。如何开辟生路?开辟生路需要有创造力。怎样培养创造力?

首先,相信自己是具有创造力之人。我国著名教育家陶行知先生说:"处处是创造之地,天天是创造之时,人人是创造之人。"

"人人是创造之人",这句话告诉我们,创造力不是少数天才所具有的禀赋,而是每一个智力正常者都具有的潜能。既然是每一个智力正常者都具有的潜能,作为社会精英的领导干部,自然是更不例外。

其次,注意开发创造力的潜能。虽然每一位智力正常者都具有这种创造力的潜能,但是这种潜能是需要开发的。如何开发?

一是培养创新意识。创新意识是一种与时俱进、勇于探索、开拓进取的思想状态。观念决定行为。创新意识决定你想不想创新的问题。而想不想创新,决定着你面对抓落实遇到的难题能否找到有效的路径解决的问题。

培养创新的意识,要破除懒惰。懒惰有两种情形,一种是形体懒惰;另一种是思想懒惰。形体懒惰者,容易被人发现并招致批评。而思想懒惰者,则有极大的隐蔽性。

针对干部队伍中存在的"思想懒惰"倾向,邓小平同志曾经批评说:"我们的思想懒汉不少。"

"思想懒惰"的领导干部,工作缺乏主动性、创新性,满足于以会议贯彻会议，以文件落实文件，而不去研究本地区、本部门的客观实际。

"行成于思而毁于随"。思想懒惰，就不善于独立思考；不善于独立思考，就没有独到见解，就缺乏创新意识。

培养创新意识，要树立敢闯敢干的精神。邓小平同志说过，没有一点闯的精神，没有一点"冒"的精神，没有一股气呀、劲呀，就走不出一条好路，走不出一条新路，就干不出新的事业。

树立了敢闯敢干的精神，才能不满足现状，敢于求索；才能不囿于传统，敢于挑战；才能不随波逐流，敢于独创。

二是培养创新思维。创新思维是创造力的灵魂，是创造力开发的关键。

美国创造力开发公司总裁、创造学家罗杰·冯奥奇说过："如果你对创造性思维持冷淡态度，你就不会认识到在一个发展变化、日新月异的世界上，激发和应用新设想是至关重要的生存技能。"

在罗杰·冯奥奇看来，一个人如果没有创新思维，在这个发展变化、日新月异的世界上，就没有生存技能。

领导干部抓落实也是一样，如果没有创新思维，在复杂多变、困难重重的工作任务面前，就会束手无策。如何培养创新思维？

培养创新思维，遇事要肯于思考、敢于思考。拉丁美洲谚语说得好："不会思考的人是白痴，不肯思考的人是懒汉,不敢思考的人是奴隶。""懒汉"、"奴隶"是不可能有创新思维的。

培养创新思维,要有问题意识。所谓问题意识,就是对任何问题、任何事物都能问一个"为什么",并能很快地进入思考的状态。

事实上,现在有的领导干部缺乏问题意识。对任何问题、任何事物都视而不见,熟视无睹,充耳不闻,无动于衷。正因为缺乏问题意识,束缚着思维的发散,从而导致创新能力的减弱。

培养创新思维,要学习创新思维的路径。常见的创新思维路径主要有以下几种方式:

一是逆向思维。逆向思维是最典型的创新性思维。它是指人们在思考问题时,跳出常规,改变思考对象的空间排列顺序,从反方向寻找解决问题的办法。说得简单点,就是"倒过来想"。请看下面的案例:

20世纪80年代,中日两国合拍了《敦煌》、《一盘没有下完的棋》两部影片。

影片拍完后,日本人要将投资建设的影视城烧掉。当地的官员很着急。他们与日方谈判,恳请日方不要烧掉影视城。但日方谈判者置之不理,坚持要烧掉。

后来,我方谈判者转变了谈判策略,告诉日方,他们有理由选择任何一种处理办法,包括焚烧。但是,因为影视城是建筑在中国领土上的,所以焚烧后的垃圾务请日方设法带走。还有，因为燃烧引起的环境污染，日方也应该做出一定的经济赔偿。

日方谈判者听了这段话，顿时目瞪口呆，随即向中方道歉。

案例中，"恳请日方不要烧掉影视城"，是惯性思维的产物；而"焚烧后的垃圾务请日方设法带走"，"燃烧引起的环境污染，日方也应该做出一定的经济赔偿"的谈判策略，则是逆向思维的结果。

逆向思维之所以能产生创新的效果，是因为人们思考问题，一般都是顺着想，也就是按照大家都认同的常情、常理、常规去想；或者遵循事物的某种客观顺序去想，比如从前到后，从上到下，从近到远，等等。既然是大家都认同的常理，所以遇到某一问题时，大家都会顺着想。如果有人不满足于只是重复别人的思路，不满足于停留在别人的水平上，而是跳出常规，打破常理，运用非常规的思路去思考，走别人没有走过的路，就会想出有所突破，有所创造，有所发展的新办法。

二是发散思维。所谓发散思维，就是从一个信息源中导致出多种不同结果的思维方法。它的主要表现特征就是"大胆地设想"。人们常玩的脑筋急转弯，利用的就是发散思维法。现在一些单位招聘人员也常测试发散思维。例如：

某单位招聘驾驶员，曾出了这样一道考题：在一条公路中间，左边是一个人，右边是一条狗，眼看就要撞到他们了，你是撞人还是轧狗？结果应试者答："当然是轧狗。"自然，应试者落选了，答案是"紧急刹车。"

　　三是转向思维。转向思维是创造性思维的又一种方法。它是指人们在思考问题时，其思路在一个方向上受阻时，便马上转向另一个方向。这就是"打得赢就打，打不赢就走"。有的问题经过一次转向就能解决问题，有的要经过多次转向，才能获得新方法、新方案。

　　前些年，我到温州调研。当地有关部门介绍说：近些年，温州的经济发展很快。有车的人多了。结果，道路拥挤。因此，他们不断的修路，但依然解决不了问题。后来，他们转换了思路，错时上下班。

　　这样一转换思路，等于延长了百分之十的道路，为财政节省了20多亿元。

十、抓落实，要一丝不苟

什么是一丝不苟？咱们中国有一位驻德国汉堡的副总领事讲过的这件事情，能够给出生动而形象的答案：

那是他刚来汉堡时，一次，他在限速的公路上开车，为了越过前面德国人开的一辆车去转弯，他超速了几秒钟。

转弯后，他发现被超过的这辆德国人开的车在他后面紧追不舍，一直追了一个半小时。

到了领事馆下车后，他问这个德国人为什么一直跟着他。这个德国人说，我追了你一个半小时，就是想问你一句话，你为什么要超速？

这就是"一丝不苟"，即做事情认真细致，一点儿也不马虎。抓落实，必须一丝不苟。如何才能做到一丝不苟？

（一）一丝不苟，要认清"马虎"的危害

所谓"马虎"，就是做事情草率，不认真，疏忽大意。做事"马虎"，是许多国人的通病。这话让有的读者看到，可能会觉得不舒服。尽管不舒服，但您不能不承认它是事实。比如：

十、抓落实，要一丝不苟

2008年9月9日，某市人民政府办公室下发中秋节放假通知。通知的内容如下：

"各县（区）人民政府，市级各部门，市经济开发区商贸园、工业园管委会：根据《四川省人民政府办公厅转发国务院办公厅关于2008年部分节假日安排通知的通知》（川机2864号）安排，2008年中秋节放假三天……节假日期间，各地各部门要妥善安排好值班和安全、保卫等工作，遇有重大突发事件发生，要按规定及时报告并妥善处置，确保人民群众度过一个祥和平安的端午节。"

您看，前面还是"中秋节"，后面就变成了"端午节"。到底是哪个节？

一个例子还不能足以说明。您可以再看另外一个例子。2010年9月，我受某县组织部门的委托，帮助该县出三套公选干部的笔试题和面试题。

在出题的过程中，我为了了解该县的基本情况，去浏览了该县的网站。结果发现，该县某文件将"领导小组"写成"领导小姐"。我赶紧打电话找到了该县的一位领导，通知他安排人改正过来。

抓落实，必须要认清"马虎"的危害性，改变这种"马虎"的毛病。

首先，马虎，会加大工作成本。在某市政公司工作的佟明先生在他所写的《把握细节的重要性》一文中，讲述了他自身经历的事情。这件事情对我们认识"细节"的重要性会有一定的启发。佟明先生说：

"我所在的工地在三环路美洲花园附近，施工主体是电力隧道工程。市政工程在施工过程中经常会遇到拆迁不到位的情况，该项在原设计中段近三百米的地段有三处电线杆位于隧道施工红线内，因甲方迟迟未拆迁，经过甲方、监理、设计单位认可，由我方拟定隧道线路修改方案。经理把这个任务交给了我，要求修改后的隧道中线距离每一处电线杆至少八米。由于事先已将各处电杆的位置、距离、坐标全部测出，所以只需在CAD上避开障碍重新拟定一条新线，绕开障碍后继续按原设计图纸施工即可。工作并不难，我在仔细观察了原设计图纸后，很快拟定了一条施工线路，在确认满足了设计要求后交给了经理，如果没什么错误就可以按图施工了。然而我在修改时忽略了一个重要的细节，当设计院将我的图纸修改之后我才恍然大悟。我当时懊悔极了，真想找个地缝钻进去。原来，原设计线在这段是一条圆曲线，因为半径很大，我错把它当成了直线，我将这条线向外偏移了8米后略加修改就成了，殊不知这不但增加了隧道长度使成本升高，还加大了施工难度，如果我在修改时发现了这个细节，只需将这条弧线变成直线就可以了。"

我们看，佟先生忽视了一个"细节"，就"增加了隧道长度使成本升高"。

其次，马虎，会导致功败垂成。马虎，不仅会加大工作成本，还会导致功败垂成。2003年2月1日，美国航天飞机"哥伦比亚"号完成了预定的任务，返回地面。

就在即将着陆前，"哥伦比亚"号意外发生了爆炸。航天飞机上的七名宇航员全部遇难。全世界为之震惊。

事后的调查结果显示，导致这一航天灾难的凶手，是一块脱落的隔热瓦。正是这个隔热瓦的"细节"，使得"哥伦比亚"号功亏一篑，七条宝贵的生命也因之而魂销太空。

第三，马虎，会造成满盘皆输。1930年5月，冯玉祥和阎锡山为了联合反蒋，商定在河南北部的沁阳会师。但冯玉祥的一个作战参谋在拟定命令时，误把"沁阳"写成"泌阳"。正巧河南南部与沁阳相距数百公里有个泌阳，部队便误入了泌阳。不用说，贻误了战机，遭致了失败。后来，这位参谋被枪决。

（二）一丝不苟，就要精益求精

所谓精益求精，按照词典上的解释，是"好了还求更好"。如何是"好了还求更好"？下面的故事会给出形象而生动的答案：

多年前，有一位年轻人来到一家著名的酒店当服务员。这是他涉世之初的第一份工作，因此他很激动，暗下决心：一定要干出个样子来，不辜负父母的期望。

但让他没有料到的是，在新人受训期间，上司竟然安排他去洗马桶！并要求他必须把马桶洗得光洁如新！

面对着马桶，他心灰意冷。这时，同单位的一位前辈来到了他的面前。她什么话也没说，只是亲自洗马桶给他看。等到马桶洗干净了，她从马桶里盛了一杯水，当着他的面一饮而尽！

这位前辈用实际行动告诉他：经她洗过的马桶，不仅外表光洁如新，里面的水也是干干净净的。

前辈的示范给他树立了好的榜样，从此他安心洗马桶，而且将工作做得无可挑剔：他也可以当着别人的面，从自己洗过的马桶里盛一杯水，眉头不皱一下地喝下去。

后来，这位年轻人成了世界旅馆业大王。他就是康拉德·N·希尔顿。

这位前辈把马桶擦到里面的水都能喝的程度，追求的就是"精益求精"。

领导干部抓落实，需要有"这位前辈"精益求精抓落实的工作态度。

首先，精益求精，要任何细节不放过。正确的决策目标确定之后，在落实执行中，细节决定成败。鄞州有一家生产电动托盘堆垛车的企业，因业务人员下单时疏忽，没有写明安装踏板，工厂照单生产，出运前也未经业务员跟踪查验，于是，10台机器漂洋过海到了罗马尼亚，客户却无法使用，只能退回重新安装踏板。又如：

"鄞州某生产不锈钢餐具的企业，出口到日本的一批不锈钢餐盘，原本已通过日本客户的现场质量检验，但因忽视包装的质量，在运输途中部分纸箱损坏，导致表面划伤，客户无法销售而退回返修。"

鄞州这两家企业的产品为什么"无功而返"，就是因为忽视了细节。

其次，精益求精，要用标准"死卡"不放。请看中铁建六公司第三项目部安全员于天照是怎样用标准"死卡"抓落实的。王承建先生在《抓安全就得钉是钉铆是铆——记六公司第三项目部安全员于天照》一文中详细记载了于天照用标准"死卡"不放抓落实的故事。下面是报道的原文：

"这地面没填实，立杆绑得也不直，拆掉重搭！"看着刚刚搭起的98号墩脚手架，于天照严肃地说。像这种因施工稍不规范就命令工人返工重来的事已不是第一次了。

于天照就是这样，抓落实执行钉是钉铆是铆，处处用标准"死卡"不放。用他的话说，就是要"卡"得人人按标准化施工。

2010年3月10日，于天照来到里木店特大桥工地，负责特大桥的施工安全。

里木店特大桥在哈齐客专一标段DK18～DK49处，长5000多米，153个桥墩，一个墩8个桩共1300多个孔，施工从钻孔开始。

一到里木店，于天照就先确定危险源。在他看来，抓安全必须从源头抓起。泥浆池、防护栏、深基坑、电闸箱、发电机——每个危险源都挂上"危险源警示牌",天天反复巡视死看死守。这也是公司安检室要求的,"一法三卡"安全工作法有明确规定。对上级的指示精神,他总是落实得有板有眼非常到位。

钻孔时,全队18台钻机分成四伙同时作业,隔500米一伙。于天照天天来回巡视。有的钻孔桩在路边上,泥浆池深3米,行人掉下去就是事故,他把这作为防护重点,仔细检查每个泥浆池护栏是否符合标准要求,是否牢固;靠近路边的护栏经常被来往车辆刮倒或刮歪了,他总是及时上前重新稳固,还要检查电焊机是否完好,"漏保"开启是否灵活,不行马上更换;对"待笼"的桩孔总要检查一下有没有覆盖防护,即使仅"待笼"一两个小时也必须防护到位;遇到打混凝土时,他总要上去检查导管连接得牢不牢。导管长18米,分五六节,他一节一节地检查,检查完导管管箍又检查钢丝绳卡环。他知道,这看似小事,但极易留下安全隐患。若管箍拧得不紧,灌注混凝土时掉下一节导管灌桩就无法继续进行,就容易造成断桩。卡环不紧,提导管时钢丝绳就容易脱落,导管提不上来就会影响施工或造成质量事故——总之,在他眼里,事无巨细大小,只要和安全生产有关,都要仔细检查一遍才放心。他就是这样,每天都要巡视五六个来回,那可是50多公里啊!虽说有时可搭乘来往的施工车辆,可还是走得两腿发直发软;

有两次因腿发软而崴了脚疼痛难忍,可他还是一声不响地走着,巡视着,检查着。在他看来,不管自己多苦多累,只要保证施工安全,就是再苦再累也值!

队长看他太辛苦,特意给他配了辆自行车。这下可好了!有了"机械化",于天照巡视得更"欢"了!

"刚开始下钢筋笼子时最头疼的是工人不戴安全帽。"当问他在里木店抓安全最难的是啥时他说。

"队长三令五申进工地必须戴安全帽,可一些工人嫌热,戴安全帽进工地,干活时却把安全帽放在一边。每发现这种现象我都立即制止,给他们讲不戴安全帽发生伤亡事故的案例,告诉他们戴安全帽是对自己的生命负责。下钢筋笼子时我就蹲在那里死看死守。"他说。

据于天照介绍,基础桩深36米,分两截下钢筋笼子一截18米,吊起后近20米高。钢筋笼子上有十一二个混凝土垫块,万一掉下来砸到脑袋上可不是闹着玩的!用二队队长张明鑫的话说就是:"里木店特大桥主要是吊装作业、深基坑开挖、高空作业,日常检查非常重要。于天照天天从小里程往大里程走,重大危险源紧紧盯在现场,小事大抓,大事停工整顿,养成了人人重视安全,人人遵守安全标准化作业的好习惯。"

有人说他是"碎嘴子","天天总是那点儿事,总唠叨个没完!"可就是这个"碎嘴子",唠叨得不戴安全帽的戴安全帽了,施工时不遵循安全规范的遵循了,人人注重安全，确保了安全生产。①

领导干部抓落实，就得有于天照的精神。钉是钉铆是铆，不打马虎，处处用标准"死卡"不放。

第三，精益求精，要"小题大做"。这里所说的"小题大做"，就是要高标准、严要求，不放过任何一个小的环节。即使是一个小的环节，也把它当作大事情来对待。

前面我们谈到的中铁建六公司第三项目部安全员于天照在抓落实时，也总是善于"小题大做"。

里木店特大桥承台基坑三四米深，对于干过广州地铁的人们来说这绝对是"小巫见大巫"；广州地铁基坑20多米深呐，因此开始大家都不重视，有"见过大海何为水"的思想。面对这种思想意识上的安全隐患，他一是在安全交底时不厌其烦的讲，细致交底；二是严格看守，按标准搭围栏、放边坡。

由于没把三四米深的基坑放在眼里，刚挖基坑时大家只是在坑边挖几个踏步上下。

"这不规范！"在队长支持下，他做了10个带扶手的爬梯，使安全设施标准化、规范化。

墩柱施工时，为抢工期脚手架搭得不标准，比如上脚手架的马道就是一块板，万一脚下打滑或站不稳就有

---

① 王承建：《抓安全就得钉是钉铆是铆——记六公司第三项目部安全员于天照》，中国铁路工程建设网2010年10月12日。

掉下来的危险。公司督导组的领导见后提出了好建议他马上执行,不但做了带扶手的马道,还增加了脚手架上的跳板,去除所有"探头板",该垫方子的垫方子,该垫枕木的垫枕木,该绑剪刀撑的绑剪刀撑,一切按规范来。有人嫌麻烦,说他"小题大做","不就是个脚手架嘛,能上人施工就行呗!"可他不这么看。他牢记领导的话:"安全大于天,活干得再漂亮,安全上出点小事就抬不起头。"①

小题大做,必须树立"100-1=0"的意识。比如,在100个服务项目中,你做了99件让人民群众满意的事,但要是有一件让人民群众不满意,前面的工作就可能前功尽弃。

(三)一丝不苟,就要严格认真

毛泽东同志曾经指出:"世界上怕就怕'认真'二字,共产党就最讲'认真'"。

抓落实一丝不苟,就是要严格认真。不漫不经心,不大而化之。怎样才能做到"严格认真"?要做到严格认真:

首先,要有自找"麻烦"的精神。做事情认真,其实是自己给自己找"麻烦"。

---

① 王承建:《抓安全就得钉是钉铆是铆——记六公司第三项目部安全员于天照》,中国铁路工程建设网 2010 年 10 月 12 日。

不认真的人，得过且过，差不多即可。而认真的人，容不得半点马虎。因为容不得半点马虎，就要不断地去发现问题，纠正错误。而发现问题，纠正错误的过程，就是给自己找"麻烦"的过程。

领导干部抓落实，要有自找"麻烦"的精神。有了这种精神，才能不怕麻烦；即使有了麻烦，也会化解麻烦。

其次，要有无私无畏的勇气。领导干部严格认真地抓落实，对于出现的问题，就是要敢抓敢管；对于需要处理的问题，就是要严格地按原则办、按要求办、按标准办、按程序办。而要做到这些，没有无私无畏的勇气是做不到的。

"全国十佳基层法律工作者"、"模范公务员"、"一级英模"、甘肃省古浪县黑松驿乡司法助理侯殿禄，就是一个喜欢"自找麻烦"，勇于面对麻烦的人。他就是以这种"自找麻烦"，勇于面对麻烦的精神，严格认真地抓好党的方针政策在基层的落实，为人民群众排忧解难。

多年来，侯殿禄调解各种民事纠纷560多起，成功率达98%。在他的努力下，33位被虐待的老人得到妥善安排，103对面临离婚危机的夫妻重归于好。不仅如此，他还挽救了120多名失足青年，将37件恶性事件化险为夷。

人们常说："清官难断家务事"；"民间纠纷最难办"。而侯殿禄每天面对的，恰恰多是这些涉及婚姻纠纷、赡养纠纷、债务纠纷、宅基地纠纷等家务事和民间纠纷。对于这些家务事、民间纠纷，侯殿禄自然知道处理它的难度，但他更知道，小事往往是大事的根。有些小事如果不能得到及时处理，轻则会伤和气，重则大动干戈，甚至闹出人命。因此，侯殿禄不回避，不退缩。他说："老百姓的事，没人管可不行；我吃司法助理员这碗饭，就要断清家务事，解决好民间纠纷。"

水沟村有位名叫俞作喜的老汉，老汉为儿子结婚的事操碎了心。可是，儿子结婚不久，就嫌他年老碍事，便找了个由头把他撵出了家门。老人只好翻山越岭，到20里外的女儿家投宿。乡亲们对此事议论纷纷。

侯殿禄听说这件事之后，急忙赶到水沟村了解情况。了解清楚实情后，他把老人的儿子、儿媳找来，请村里的老年人给他们讲做晚辈的应该孝敬父母的道理。随后，他又把俞老汉和儿子儿媳请到一起，向他们宣讲"保护老年人依法享有的权益"、"成年子女有赡养扶助父母的义务"等法律知识，并严肃地批评了俞老汉的儿子儿媳歧视和遗弃老人的违法行为。

经过摆法理、讲亲情，小两口坐不住了。他们淌着眼泪，双双跪在老爹面前认了错，决心今后依法办事，不再胡来。他们把老爹亲亲热热接回家，腾出宽敞明亮的新房子让老人住；拿出新被子给老人盖。与此同时，小两口还把腰有残疾、行动不便的"五保户"叔父也接来一起住。叔父过了几年吃穿不愁的日子，临终前，还念叨老侯的恩情，叮咛小两口："你们要记着侯部长的话，走正路。"

古浪镇青年严维虎与黑松驿村女青年金兰秀离婚后，对金家怀恨在心。1992年3月持刀刺伤金兰秀后，就不见了踪影。6月23日中午，严维虎在村头出现了。

听到消息，侯殿禄拔腿就朝黑松驿村奔去。在公路边，侯殿禄与推着自行车的严维虎迎面相遇。只见严维虎车把上挂着一个大提包，外露一根导火索，当过工兵的侯殿禄立即意识到包里有炸药。

见此情形，他来不及多想。立即冲上去，对着严维虎喝道："站住！"

严维虎大惊失色，但随即威胁道："不要往前走，你长了几个脑袋！"

侯殿禄义正词严地答道："我虽然只长了一个脑袋，但我不怕你，怕你我就不是共产党员，就不是司法助理员！"

严维虎气急败坏，从包里抽出板斧，凶狠地朝侯殿禄砍过来。侯殿禄左手抓住斧柄，右手一把扯掉导火索，夺下提包，与摔倒在地的严维虎扭打在一起。这时，两名过路群众赶忙协助，终于抓获了歹徒。

打开提包，侯殿禄惊出一身冷汗。原来里面装着雷管、导火索和近9公斤炸药。严维虎还交待，准备再买50公斤炸药，一举炸毁金家。若不是侯殿禄阻拦，后果将不堪设想。①

---

① 侯殿禄的事迹是根据中共中央宣传教育局：《新时期共产党员的风采》，学习出版社2001年版，第219—231页资料编写。

十一、抓落实，要打造团结协作的团队

一位工程师被提拔为部门经理。但他刚刚干了两个月，就被免职了。

他很生气，就去质问他的老板，为什么自己被免职？老板对他说："你忘了，你现在是经理，不是工程师。"

这位经理为什么被免职？因为他没有履行经理的职责，依然在干工程师的事。

这个故事生动地说明，既然做了领导干部，就要履行领导干部的职责。领导干部的职责是什么？领导干部的职责除了要决策，要用干部，还需要凝聚团队。让团队围绕着科学而明确的决策目标形成共识与合力，大家共同努力来实现决策目标。这也是抓落实的重要一环。

（一）抓落实，必须打造团结协作的团队

《亮剑》这部电视剧很受广大观众的欢迎。许多人可能都看过，因为就连我这个平时不大看电视剧的人，也被吸

引住了，居然连看了两遍。

这部电视剧展现了李云龙所带领的独立团，与日本侵略者浴血奋战、攻无不克、战无不胜的大无畏英雄气概。故事情节惊心动魄，引人入胜。

独立团为什么能攻无不克、战无不胜？答案是：独立团的领导班子是一个团结的指挥部；独立团的队伍是一支团结的战斗集体。

领导干部抓落实，也需要打造一个团结的领导班子，打造一支团结的队伍。大家心往一处想，劲往一处使，汗往一处流。

首先，团结就是力量。我在中学读书的时候，班里经常组织唱"团结就是力量"这首歌。其中的歌词我现在依然记忆犹新："团结就是力量，这力量是铁，这力量是钢，比铁还硬，比钢还强"。

我认为这一比喻很是恰如其分。俗话说"一根筷子容易折，一把筷子不易弯。"如果一个集体钩心斗角，心想不到一块，劲就使不到一块，自然也就没有力量；如果一个集体团结和谐，大家在一个共同的目标引导下，齐心合力，就没有战胜不了的困难。

其次，团结协作才能达成目标。我女儿上幼儿园的时候，回家之后经常唱两首儿歌：

一首是："一个和尚挑水喝，两个和尚抬水喝，三个和尚没水喝。"

另一首是:"一只蚂蚁来搬米,搬来搬去搬不起,两只蚂蚁来搬米,身体晃来又晃去,三只蚂蚁来搬米,轻轻抬着进洞里。"

我问她,这两首儿歌说明了什么问题。她告诉我,老师说:"三个和尚没水喝,是因为他们不团结,不协作;三只蚂蚁把米轻松地搬进洞,是因为它们能团结协作。"

我告诉她:"老师说得非常好。在一个集体中,人与人之间要团结协作。"

领导干部抓落实也是如此。要想"有水喝",要想"把米轻轻抬进洞",必须打造团结协作的团队。只有这样,大家才能遇事不推诿,相互协作完成工作任务。

(二)打造团结协作的团队需要明确的几个问题

抓落实,打造团结协作的团队需要明确以下几个基本的问题:

首先,要把"团结"与"结团"区别开来。"团结"与"结团"貌似都是不同的人聚集在一起,但它们却有着本质的区别。这种本质的区别,概括说来就是8个字:"团结为公,结团为私"。

讲团结的人考虑的是大局、是集体、是事业,是为了崇高的理想和伟大的事业而聚集在一起;而搞"结团"的人思考的是小团体、是私利,是为了个人的利益而结成一团,是一种临时"利益共同体"。

团结与民主相伴,"结团"与专断相随。周恩来同志对团结有一句非常精辟的论述:"团结就是在共同点上把矛盾和各方统一起来。"团结提倡组织成员畅所欲言,在集思广益中形成共识,在思想碰撞中共同提高,在发扬民主中团结共事。而"结团"是对内专断、对外专横,不允许任何人发表不同的意见。

其次,要把加强"团结"与保持"一团和气"区别开来。叶剑英同志曾经说过,我们讲团结是有是非原则的,……要把真理与错误区别开来,不能搞无原则的一团和气,必须注意从斗争中求团结。

加强团结,不是搞无原则的一团和气,当"好好先生"。领导干部抓落实如果搞无原则的一团和气,当"好好先生",势必对不落实的事情听之任之。

"好好先生"为人处世的哲学是"你好我好大家好"。没有原则,没有立场,有的只是圆滑。他们不讲是非,凡事皆曰好。东汉末年的司马徽就是这样一位好好先生。

据史料记载,司马徽从来不言他人的短处,不管跟人说什么事,问他什么事,也不管这件事是好,还是坏,他都是说"好"。

一天,司马徽的朋友来到他的府上,伤心地谈起儿子去世的事,孰料司马徽接连说:"很好!很好!"

他的妻子曾劝他:"人家有所疑,才问你,你哪能一概说好呢!你这样一切皆说好,并不是别人问你的本意呀!"

司马徽说:"像你这样说,也很好!"

第三,要明确打造的是何种类型的团队。有人归纳说,在自然界中有三种"团队":

一种是野牛"团队"。野牛个体强健、凶悍,但缺乏团队意识。它们成群迁徙时,如果领头牛被射杀了,它们就会横冲直撞,乱成一团麻,老弱病残的牛就会被活活撞死或踩死。

一种是螃蟹团队。螃蟹很有意思。装螃蟹的篓子里如果仅有一只螃蟹,需要加盖;但是如果篓子里有多只螃蟹,就不需要加盖了。因为如果有一只螃蟹试图爬出篓子,其他的螃蟹就会拼命拉它的后腿,把它给拽下来。结果是谁也爬不出去。

一种是大雁团队。每当秋季,大雁会从寒冷的北半球飞往温暖的南半球。而由北往南的路程是多少?20000多公里。这么长的距离,肯定困难重重。大雁们是怎样克服困难到达目的地的呢?

原来,大雁在迁徙时会排成"雁阵",即"V"字形(也叫"人"字形)队列或"一"字形斜阵飞行,并不断变换队形。

科学家发现,"大雁在飞行中会共同拍动翅膀,它们频率相同、步调一致。所有大雁都会自觉接受团队的飞行队列,自动协助队形建立。队列后方的大雁会不断鸣叫。如果发现受伤、生病或过度疲劳的同伴,团队中会有两只大雁自发离开编队协助同伴降落地面，直至它能够重回雁队或不幸死亡后再加入新的雁阵。领头雁并非一直贯穿始终，而是不断轮换。既使领头雁被猎人枪杀，大雁队列仍然保持不变。"

领导干部抓落实，要打造的是"大雁团队"。大雁单个看不强，但合起来却很有力量，能战胜各种各样的困难，抵达目的地。

（三）打造"大雁团队"，抓好落实

上面我们讲过，领导干部抓落实，要打造"大雁团队"。如何打造"大雁团队"呢？

首先，要培养团队成员的团队意识。所谓团队意识，就是整体配合协作的意识。这是团结协作的基础。《地狱与天堂》的故事，说明了团队意识的重要性。故事是这样的：

牧师向上帝请教："地狱跟天堂有什么区别？"上帝没有直接回答他的问题，而是把他带到一间房子里。

在这间房子里，牧师看到这样的情形：一群人围着一锅粥。他们每个人都拿着一把长长的勺子。可是，勺子的手柄太长了，他们谁也无法把粥喝到嘴里。他们的脸上写满了绝望。上帝告诉牧师："这就是地狱。"

随后，上帝又把牧师带到另一个房间。这里的摆设与前一个房间没什么不同。还是一锅粥，还是每个人拿着长长的勺子。唯一不同的是：这里的人们都把粥舀给坐在对

面的人喝。他们的脸上都写满了快乐。上帝告诉牧师："这就是天堂。"

这个故事很有哲理。同样的条件，不同的结果。地狱的人没有团队意识，只想着自己吃，结果什么也没吃到；天堂的人具有团队意识，懂得配合协作，所以，关爱了别人，也满足了自己。

苏格拉底问他的学生："一滴水怎样才能不干涸？"学生们冥思苦想，得不出答案。后来，苏格拉底告诉他们："把它放到江、河、海洋里去。"

这个答案看似简单，但却蕴含着深刻的哲理。它形象地说明了"团队"的重要。孤零零的一滴水，风一吹，就会干涸；土一吸，就会无影。而把它放到江、河、海洋里，它的生命就会永恒了。

培养团队意识，就是要让团队成员意识到，如果没有团队意识，各行其是，团队就是一盘散沙，一盘散沙的团队是没有战斗力的，组织的目标是无法实现的。

其次，建立同化团队成员思想的"磁场"。如何统一团队成员的思想？在团队内部管理中，最重要的就是团队的价值观。所谓团队价值观，是指整个团队的成员对周围客观事物的是非、善恶、重要性的总评价和总看法。

团队价值观决定着团队成员的工作态度，决定着团队成员的目标追求，决定着团队成员的行为方向。它是同化团队成员思想，协调团队各部门行为的有效"磁场"。

抓落实，必须注重用团队价值观来引导团队成员的行为。这样，大家才能心往一处想，劲往一处使，使团队的工作真正落实到位。英特尔公司就是这种方法的成功实践者。

英特尔公司，是全球最大的半导体芯片制造商。他们的产品创新和市场份额，一直在全球居于领先地位。

英特尔公司成功的奥秘，从表面上看，是该公司不断推出顾客需求的新产品，但实质上，是在于企业用正确的价值观念来引导员工的行为。因为产品靠技术支撑，技术则由人来掌握，而人则是靠价值观念来支配的。

英特尔公司的价值观主要包括六项内容：客户至上、纪律严格、质量为本、冒险精神、良好的工作环境和注重结果。

在英特尔公司，每个员工的胸卡上都写有公司的六项价值观。在公司价值观的引导下，不同类型的"技术偏执狂"们，被"英特尔化"了，成了"英特尔人"。

事实证明，"价值导引法"是抓落实，打造团结协作团队的有效方法。

第三，善于跟团队成员进行有效沟通。《圣经·旧约》上说，人类的祖先最初讲的是同一种语言。他们在底格里斯河和幼发拉底河之间，发现了一块异常肥沃的土地，于是，他们就在那里定居下来。他们修起城池，建造起了繁华的巴比伦城。

后来,他们的日子越过越好,并为自己的业绩感到骄傲。一高兴,他们就决定在巴比伦修建一座通天的高塔,来传颂自己的赫赫威名,并作为集合全天下弟兄的标记,以免分散。

因为他们语言相通,同心协力,阶梯式的通天塔修建得非常顺利,很快就高耸入云。

上帝耶和华知道这件事情之后,立即从天国下凡视察。上帝一看,又惊又怒,因为上帝是不允许凡人达到自己的高度的。

上帝看到他们这样统一强大,心想,他们讲同样的语言,就能建起这样的巨塔,日后还有什么办不成的事情呢?

于是,上帝决定让人世间的语言发生混乱,使人们互相言语不通。

从此,人们各自说着不同的语言。因为语言不同,感情便无法交流,思想也很难统一。于是,就难免出现互相猜疑,各执己见,争吵斗殴。这就是人类之间误解的开始。结果,修造工程因语言纷争而停止,人类的力量消失了,通天塔终于半途而废。

这个故事说明了沟通、思想统一的重要。陈云同志讲:"只有通气,才能团结。"打造团结协作的团队,需要"通气"沟通。

十二、抓落实，要创新人才动力机制

20世纪最成功的企业家杰克·韦尔奇说："让合适的人做合适的事，给合适的人以合适的权，远比开发一项新产品更重要。"这话说得非常有见地。

抓落实，人是第一位的。没有人才，任何工作任务都是无法完成的。联想集团的创始人柳传志就认为："执行力就是任用会执行的人。"

"一个组织有没有落实能力，关键看有没有选对人。一个再完美的战略决策，也会毁在缺乏落实能力的人的手中。"这是有识之士的论断。领导干部抓落实，必须有人才机制作为保障。有了人才机制作为保障，才能依托有力的人才保证，加大落实中央政令、上级决策和本地区、本部门（单位）工作任务的力度。

（一）创新人才动力机制，树立正确的用人导向

抓落实，必须抓人才队伍建设。而抓人才队伍建设，

首先要端正用人导向。

导向就是方向标。古人云："用一贤人，则贤人毕至；用一小人，则小人齐趋。"习近平同志讲："用好一个干部，就是树立一面旗帜，就会在一个地方、一个部门、一个单位形成良好的工作氛围。一些地方、部门和单位之所以出现形式主义、官僚主义问题，往往同用人导向有关。"

领导干部抓落实，必须要树立崇尚实干的正确用人导向。

树立崇尚实干的正确用人导向，就是要旗帜鲜明地选拔任用求真务实、埋头苦干、默默奉献、不事张扬、兢兢业业为党和人民工作的干部；坚决不用那些好大喜功、虚报浮夸、投机取巧、坐而论道、作风漂浮、搞花架子的人。

树立崇尚实干的正确用人导向，就是要旗帜鲜明地使用那些为了事业的发展勇于负责、敢担风险、不计个人得失的干部；坚决不用那些遇事推诿、斤斤计较个人得失的人。

只有树立了这样的用人导向，才能调动广大干部抓落实的积极性，并在全社会中形成崇尚实干的氛围。

（二）创新人才动力机制，辨识优秀落实型人才

一般说来，"落实型"的人才，主要有以下几方面的特征：

首先，具有较高的政策理论水平。领导干部具有较高

的政策理论水平，才能运用已拥有的政策、社会、行政管理等方面的知识及其实践技能去理解中央的政令、上级政府的决策和本地区、本部门（单位）的工作要求。否则，理解错误，把握失当，或者断章取义，就会南辕北辙，最终导致落实执行的失败。

其次，具有高尚的道德品质修养。道德品质修养是领导干部有效落实中央政令、上级决策和本地区、本部门（单位）工作任务的思想基础和根本。优秀的落实型人才应该具有这样的道德品质：一是服从的观念；二是忠诚的精神；三是负责的态度；四是诚信的品质。

第三，有效完成工作任务的能力。优秀的落实型人才不仅需要具有高尚的道德品质修养，还需要具有完成工作任务的能力，即"德才兼备"。

如果没有完成工作任务的能力，"能力恐慌"，即使是想落实，也是无能为力的。

（三）创新人才动力机制，为抓落实提供智力支持

创新人才动力机制，要按照"选拔人才、培养人才、爱护人才、激励人才、尊重人才"的工作思路，抓好以下几项机制建设，为抓落实提供强有力的人才保障和智力支持。

首先，完善人才选拔任用机制。完善人才选拔任用机制，应该是民主、公开、竞争和择优。

完善人才选拔任用机制,就是要通过好的制度机制,将求真务实、埋头苦干、默默奉献、不事张扬、兢兢业业为党和人民工作的干部;将为了党和人民事业的发展勇于负责、敢担风险、不计个人得失的干部选拔到领导岗位上来。

其次,完善人才培养机制。人的素质能力是可塑的、动态的。因此,我们不仅要选拔任用求真务实的领导干部,还要完善人才培养机制,有针对性地进行培养。比如山东肥城市,为了抓好落实工作,他们有针对性地培养公务员的素质能力。他们的具体做法是:

一是切实抓好初任培训。按照"先培训,后任职定级"的原则,每年都组织新录用的公务员进行初任培训。

二是突出抓好任职培训。按照管理权限,对新任职公务员进行以提高任职岗位能力为核心的任职培训,以适应新职位的要求。

三是及时跟进更新知识培训。借助"中国肥城"政务网站学习论坛平台,开设公共科目教育培养课程,对在职人员增新、补充、拓宽相关知识,使他们及时掌握新理论、新信息。

四是大力推进专门业务培训。他们以提高实际工作能力为重点,各单位结合工作实际,科学拟定专业科目培训计划,加强岗位专业技能培训。

第三,创新人才激励机制。"水激石则鸣,人激志则宏。"通过激励可以调动广大干部落实的积极性。比如山东省肥城市为了激励引导农村实用人才干事创业，对农村实用人才实施了两项激励措施：

一是政治上关爱机制。肥城市选拔致富能力强、发展潜力大的骨干人才进行重点培养，符合条件的颁发"绿色证书"，并优先发展入党，培养担任村干部，把有能力的实用人才放到重要岗位上来。

近年来，肥城市先后吸纳1232名实用人才加入党组织，1527名实用人才进入村级班子，390名优秀农村实用人才担任了村党组织书记或村主任。

二是经济上关照机制。肥城市积极引导农村实用人才领办创办各类专业合作经济组织，并在项目、贷款、信息和技术等方面，给予倾斜和扶持。

近年来，肥城市农村实用人才领办创办民营科技实体和农村合作经济组织678个，成立有机蔬菜、奶牛养殖等协会组织425个；引进推广新优特农作物品种38个，建成有机蔬菜、无公害蔬菜等优势农产品基地和科技示范园区8个，带动1.2万多户农民走上致富路。

十三、抓落实，要完善科学的制度机制

有一个登山队，在西藏登山。为了保护环境，他们雇请当地的群众，帮助他们将垃圾背下山。

最初，这些群众在取垃圾袋时，登山队就把工钱付给了他们。结果，登山队发现，有的群众没有环境保护意识。他们把垃圾袋背到半山腰，就丢弃不管了。

后来，登山队改变了规定。到山下，清点了垃圾袋才付钱。结果，在山腰再也没有发现丢弃的垃圾袋了。

由此可见，抓落实，不能光靠自觉性，必须有一个好的制度来作为保障。"制度好可以使坏人无法任意横行，制度不好可以使好人无法充分做好事，甚至会走向反面。"

（一）建立健全严格的目标责任制度

有个故事，很有意思：一个孩子得到一条新裤子。试了试，发现长了一点。

他请奶奶把裤子剪短一些。奶奶说："今天的事太多，你去找你妈妈。"孩子去找妈妈，妈妈说："手头有活正忙，等我忙过了再说。"没办法，他只好去找姐姐。没想到，姐姐有约会，马上就要走。

孩子带着失望的心情入睡了。因为他担心第二天没法穿这条裤子。

奶奶忙碌完家务事，想起了孙子的裤子，就把裤子剪短了一些；姐姐回来想起这事，也把裤子剪短了一点；妈妈腾出手后，又把裤子剪短了一点。

不用说，这裤子后来就根本没有办法穿了。不言而喻：共同负责等于无人负责。

在现实生活中，我们的许多工作都会出现"要么都不管，要么都来管"的尴尬局面。结果，影响了工作的落实。正如习近平同志所指出的："有些地方、部门和单位存在工作推诿扯皮现象，与目标责任不明确、工作任务没细化有很大关系。要科学进行责任分解，把目标任务分解到部门、具体到项目、落实到岗位、量化到个人，以责任制促落实、以责任制保成效，形成一级抓一级、层层抓落实的工作局面。"

抓落实，必须建立健全严格的目标管理责任制。1978年12月23日邓小平同志在中央工作会议上的报告中就指出："现在，各地的企业事业单位中，党和国家的各级机关中，一个很大的问题就是无人负责。名曰集体负责，实际上等于无人负责。一项工作布置之后，落实了没有，无人过问，结果好坏，谁也不管。所以急需建立严格的责任制。"①

通过建立健全目标管理责任制，使每一项工作都有着落，每一件任务都能责任到人，使每一项工作都有完成时限和基本要求。

南京明城墙是我国保存比较完整的古城墙，也是世界上现存最大的古代砖城，这与它所用砖块的质量不无关系。据记载，该城墙所用砖块都是由长江中下游附近的150多个府（州）、县烧制的。砖的侧面刻着铭文，除时间、府县外，还有4个人的名字，分别是监造官、烧窑匠、制砖人、提调官（运输官）。

砖上刻人名的用意，用现在的话来说，就是职责分明、责任到位。参与人员的名字都刻在砖上，清清楚楚、一目了然，一旦出现问题，谁也赖不掉。无论监造官、提调官，还是烧窑匠、制砖人，哪个环节出了问题，一样要被追究责任。这就使得参与人员丝毫不敢懈怠，都尽职尽责地努力工作。最后交砖时，检验更为严格，由检验官指使两名士兵抱砖相击，如铿锵有声、清脆悦耳而不破碎，属于合格；如相击断裂，责令重新烧制。正因为责任如此明晰，才保证了城砖质量上乘，以至南京明城墙历经600多年的

---

① 《邓小平文选》第2卷，人民出版社1994年版，第150—151页。

风雨、仍巍然屹立。①

这种把责任落实到具体人的做法，是很值得我们去学习的。

人天生都有一种惰性心理，如果不明确每个人的责任，把任务与责任联系起来，就会导致无人负责的后果。所以，责任要落实。而且，不仅要落实，还要落实的具体，那种人人负责的情况，其结果也跟没有人负责是一样的。

（二）建立健全严格的督办督察制度

工作有布置，没有督办督察检查，就容易走过场。因此，必须建立一套狠抓落实的督办督察机制。

所谓督察督办，顾名思义就是监督检查、催促办事。也就是说，通过监督、检查，及时发现没有落实的问题，然后用监督、催促的手段，来推动落实，确保政令畅通。督察督办要坚持以下四个基本原则：

首先，客观性原则。对每项工作督察，督察人员都要坚持深入工作现场，了解真实情况，全面调查分析，客观反映问题，用事实说话，不主观臆断，不以偏概全。

其次，时效性原则。一些季节性、时效性较强的工作，如植树造林、防汛、防疫等，如不抓紧落实，就会错过时

---

① 杨宗华：《责任胜于能力》，石油工业出版社2009年版，第86页。

机，使工作落空。这类工作都超前介入，未雨绸缪，及时督促，确保落实。

第三，不回避原则。需要督办的事项一般是困难多、阻力大、周期长的工作，有时甚至涉及分工领导和部门负责人，处理起来比较棘手。督查人员要以高度负责的精神，不怕得罪人，敢于督查，敢于处理，敢于批评。

第四，责任追究原则。对工作落实不到位、出现失误，造成不良后果的单位或个人一查到底，坚决追究责任。

（三）建立健全严格的奖惩追究制度

原山西长治市委书记吕日周，曾经讲过这样两件事：他在离开原平的第一天，天降大雪。他在原平时，带头组织大家扫雪，可那天，干部们知道吕日周走了，也就没人扫雪了。结果，许多人摔伤了。吕日周听说这件事情后，很受刺激。

后来，吕日周到美国水牛城参观，正好遇上漫天大雪。他去看望一位留学生，只见他早早起来扫雪。吕日周问他："你在国内也没这么积极，怎么在这里倒学起雷锋来了？"他说："因为这里的法律规定，如果遇上下雪，你的门前必须扫三次雪，否则就要罚款，包括在我门前摔倒的人也要我去花钱给他治疗。所以，我得积极扫雪。"

正因为如此，吕日周曾说了一句非常经典的话：抓住不落实的事＋追究不落实的人＝落实。

应该说，这句话是他工作经验的总结。狠抓落实，不仅要有严格的监督检查机制，还必须建立健全严格的奖惩追究制度。

古时候，越王勾践想报被吴王俘虏之仇，让大夫文种严格训练士兵。这一天，勾践问文种："我想攻打吴国，士兵可用吗？"文种回答说："可用。我平常训练士兵时，奖赏丰厚，惩罚严厉，而且令出必行。大王如果您想了解情况，不妨试着焚烧宫室。"

于是，勾践就让人点燃了宫室，并下令："因救火而死者，比照阵亡抚恤；救火而不死者，比照杀敌奖赏；不救火者，比照降敌刑罚。"命令一出，士兵们踊跃救火，宫室的火很快就扑灭了。后来，越国就是凭借着这种气势，很快灭了吴国。

抓落实，需要严格的政策奖惩追究机制。严格的奖惩追究政策，是抓好落实的有效手段。因为一个组织奖励什么行为就是鼓励组织成员多发生类似的行为；同样，一个组织惩罚什么行为，就是希望在组织成员中抑制甚至杜绝类似行为的发生。建立完善奖惩追究制度，要注意以下几个方面的问题：

首先，奖惩导向要正确明确。某机关表彰了两位干部。对这两位干部许多人认为是不应该获得表彰的。因为他们无论是工作态度还是工作业绩都称不了上乘。

后来，人们经过分析得出了结论：和领导走近一点，比工作干得卖力点更为重要。于是,有的人就开始想方设法靠近领导,而不去想怎样做好工作。

由此可见,该机关表彰的导向出现了问题。作为组织成员不仅需要和领导相处好关系,更重要的是要把工作做好。

要抓好落实,组织在制定奖惩政策时,其奖惩导向必须是有利于工作落实的行为,而不是错误的行为。

其次,奖惩标准要细化量化。一个科学的政策奖惩机制,其奖惩标准的规定一定要尽可能地细化、量化,具有可操作性,以避免奖惩的主观性和随意性。

细化、量化的政策奖惩标准,有利于实施者操作执行。而就我们目前的一些单位的政策奖惩标准而言,许多标准是很粗糙的,缺乏科学性,这无疑会给落实执行带来一定的难度。

第三,奖惩程序要科学规范。科学的政策奖惩措施,其程序上也必须是科学的。这是政策奖惩措施严肃性的体现。但事实上,有些单位和部门,在实施奖惩措施时,随意性很大。因此,在制定政策奖惩机制时,其奖惩程序,一定要进行科学的规范。

第四,奖惩措施要及时兑现。美国有一家名为福克斯波罗的公司。这家公司专门生产精密仪器设备等高技术产品。

在创业初期,这家公司碰到了一个迟迟不能解决的技术难题。而这道难题如果不解决，公司就会生存不下去。公司总裁为此大伤脑筋。

一天晚上，正当公司总裁坐在办公室百思不得其解之时，一位科学家闯进了他的办公室，说是找到了一个解决的办法。

科学家的阐述让总裁豁然开朗。总裁喜出望外，想立即给科学家以嘉奖。可是，他在抽屉中找了半天，只找到了一根香蕉。他把这根香蕉作为奖品奖给了科学家。科学家很感动，因为他的成果得到了领导的肯定与赞赏。

从此之后，这家公司只要员工攻克了重大技术难题，都会得到公司授予的金制香蕉型别针。

"赏不逾时，欲民速得为善之利也；罚不迁时，欲民速睹为不善之害也"。及时兑现奖惩措施，能增强奖惩政策的严肃性。如果该奖励的不及时奖励，会影响落实主体落实的积极性；而该惩罚的不及时惩罚，则会助长落实主体的消极性。不仅如此，时过境迁，对未被奖惩的人员也起不到应有的教育和引导作用。

抓落实，需要通过建立健全严格的奖惩追究制度，激励落实的人，惩处、追究不落实的人，使责、权、利三者相统一。

十四、抓落实，抓出成效的标准探讨

抓落实，不是为抓而抓。抓出成效才是抓落实的最终目的。那么，一项工作抓到什么程度才算真正落实，才算取得成效？有一位领导同志讲："工作做了没有明显成果不能算落实；工作初步抓出了成效，但没有从根本上解决问题不能算落实；只解决了眼前的问题，但没有切实可行的制度来保证工作的连续性还不能算落实。"

我认为，我们应该按照这个标准来抓落实。按照这个标准来抓落实，才能取得真正的成效。具体说来，就是要用以下的标准来检验：

（一）人民群众满意不满意

抓落实，是否真正取得成效，检验的主体是谁？检验的主体不在领导干部自身的主观看法，而是人民群众的满意程度。因为抓落实的根本是全心全意地为人民服务，是执政为民。既然如此，人民群众满意不满意，就是一个重要的衡量尺度。

2011年1月25日下午,国务院总理温家宝在中南海主持征求对《政府工作报告(征求意见稿)》和《中华人民共和国国民经济和社会发展第十二个五年规划纲要(草案)(征求意见稿)》的意见的座谈会上,曾经满怀深情地说:"最能评价政府工作好坏的是群众,最能反映政府工作情况的是基层。群众的意见使我们知道政策贯彻落实情况,知道群众的困难和问题所在。我们的政府是人民的政府,我们的权力是人民赋予的,我们应该为人民谋利益并自觉接受人民的监督。群众满意不满意、高兴不高兴、答应不答应是衡量政府工作好坏的唯一标准。"

"知屋漏者在宇下,知政失者在草野。"最能了解落实是否真正取得成效的是群众,最有资格评价落实情况的也是群众。抓落实如何让人民群众满意?

首先,要以对人民负责的态度抓落实。毛泽东同志曾经讲过:"我们的责任,是向人民负责。每句话,每个行动,每项政策,都要适合人民的利益,如果有了错误,定要改正,这就叫向人民负责。"① 没有对人民负责的态度,是抓不好落实的。

其次,要怀着对人民的深厚感情抓落实。温家宝总理曾经指出:"作为一名领导干部,对人民群众充满感情,不

---

① 《毛泽东选集》第4卷,人民出版社1991年版,第1128页。

是恻隐之心，而是政治责任；不是策略安排，而是价值取向；不是权宜之计，而是根本要求"。

领导干部抓落实必须怀着对人民的深厚感情来抓。只有怀着这样一种感情，才能倾听人民群众的意见，关注人民群众的呼声，了解人民群众的疾苦，将人民群众放在心上。当年孔繁森在西藏阿里地区工作时，就是怀着这样的感情来抓党的路线、方针、政策的落实的。

孔繁森常说："西藏的老人就是我的老人，西藏的孩子就是我的孩子，西藏的土地就是我的家乡，我要用行动证明党的干部是真正为人民服务的。"孔繁森用行动证明了他的誓言。

孔繁森早年在部队医院当过兵，懂得一些医术。来西藏工作后，他看到当地缺医少药现象非常严重，就准备了一个小药箱，买上一些常用药，为农牧民看病治病。到阿里工作后，这个小药箱又随他到了阿里。

他下乡所到之处，总是有着这样的情景：在草地上、在帐篷里，在羊圈旁，孔繁森席地而坐，他的身边簇拥着一大帮等着看病取药的群众。

一次，有位 70 多岁的藏族老人肺病发作，浓痰堵塞了咽喉，生命垂危。当时，没有其他医疗器械可用，孔繁森就将听诊器的胶管伸进老人嘴里，又对着胶管将痰一口一口地吸出来，然后又为老人打针服药，直到老人转危为安，他才放心地离去。

西藏人民永远忘不了这样一件事：一天，孔繁森到噶尔县门士区检查工作。在那里，他看到草滩上有几间土坯房。随同的人告诉他，那儿住着两位孤寡老人，他便走了过去。

推开门，孔繁森借着火塘的光亮，看到一位藏族老阿妈有气无力地靠卧在墙边。他走上前去，拉着老阿妈的手说："阿妈，党派我看您老人家来啦！"

随后，他摸了摸地上的口袋，感觉到糌粑不多了；又摇了摇酥油茶壶，感觉到酥油也没有多少了。经询问，他知道政府给老人这个月的生活费已经全花光了。于是，他掏出200元钱给随行的同志："快去给老人买些茶叶、食盐、酥油和大米来。"

安排好后，他又转身走进另一位孤寡老人的家。只见老人病卧在一张破羊皮上。孔繁森心情沉重地对区里的干部说："马上请医生来给老人看病，另外再买一块床垫来，要厚，要暖和。"

从那以后，只要有人去噶尔县，孔繁森必定要托去的人给这两位老人捎些钱、粮食和衣物。①

第三，抓落实要能真正解决人民群众迫切需要解决的问题。抓落实，人民群众是否满意，一个关键的标准，就

---

① 孔繁森事迹根据中共中央宣传教育局：《新时期共产党员的风采》，学习出版社2001年版，第93—108页资料编写：

是人民群众迫切需要解决的问题是否得到真正的解决。河南兰考县委书记焦裕禄同志为什么得到人民群众的拥护、热爱，就是在抓落实中，他想方设法真正解决人民群众迫切需要解决的问题。

兰考，位于豫东沙区，是黄河故道上的重灾县。全县的土地，除了沙荒，就是洼坡和盐碱。1962年，春天的风沙打毁了20万亩麦子，秋天又淹没了30多万亩的庄稼，并有10万余亩的禾苗被碱死。兰考的粮食已经威胁到了人民群众的生存。

就是在这灾情最严重、困难最大的时候，中共开封市委决定把兰考县委书记的重担交给焦裕禄。当地委组织部找他谈话时，他当即表示，服从组织的决定，愿意到最艰苦的地方去工作。

焦裕禄一到兰考，就带领兰考的党员干部、人民群众投身到治理风沙、内涝、盐碱这"三害"的斗争中。

为了治理风沙，焦裕禄每逢狂风大作时，都会和调查人员一起顶着漫天的风沙，去察看风口，去探寻流沙的根源。他徒步跋涉了250多公里，终于将全县境内的风口、沙丘数量搞得清清楚楚。

为了治理水害，焦裕禄每逢狂风暴雨到来之时，都会带领调查人员头顶瓢泼大雨，足涉激流险滩，一乡、一村、一沟、一坎地去察看洪水的流势和变化情况，从中探索洪水形成的规律，以便掌握它，制服它。人们不会忘记这样的场面：大雨如注，焦裕禄在时而没膝，时而过腰的泥水浊流中，手拉一根木棍，深一脚浅一脚地探索着前进。他浸泡在浊流中，浇淋着倾盆大雨，在观察着水的流向、流量，在记录着数据资料。

为了治理盐碱，不论寒冬还是酷暑，焦裕禄经常在白花花的盐碱地上奔波。

此时，焦裕禄因常年忘我工作，积劳成疾，已经患了严重的肝病，体质非常虚弱。但他咬紧牙关，坚持工作。从他那消瘦的身躯上，从他那铁青的脸色上，人们已经看出他是用超人的毅力坚持着。同志们劝他休息，他不答应。他想尽快治理好"三害"，让兰考人民过上好日子。

在焦裕禄的带领下，兰考的风沙、盐碱地得到了有效的治理，兰考的洪水受到了有效的遏制，贫困的兰考发生了巨大的变化。[1]

（二）是否达到了预定的目标

预定的工作目标是否完成，也是检验落实与否的重要标准。

在领导活动中，任何一项决策的制定，任何一项工作

---

[1] 焦裕禄事迹根据国荣洲主编：《中华英模风采录》，安徽人民出版社1994年版，第149—155页；萧少秋主编：《中华骄子》，龙门书局1994年版，第207—210页资料编写。

的部署，都有一定的目标要求。

领导者在抓落实时，一定要搞清楚解决这个问题的目标是什么。只有明确了的目标，抓落实的行动才有方向，才有评估的标准。比如，领导干部要抓《我国国民经济和社会发展十二五规划纲要》（简称"十二五"规划）的落实，就要清楚其中的目标，然后围绕目标来抓落实。

"十二五"规划提出的今后五年经济社会发展的主要目标是：

——经济平稳较快发展。国内生产总值年均增长7%，城镇新增就业4500万人，城镇登记失业率控制在5%以内，价格总水平基本稳定，国际收支趋向基本平衡，经济增长质量和效益明显提高。

——结构调整取得重大进展。居民消费率上升。农业基础进一步巩固，工业结构继续优化，战略性新兴产业发展取得突破，服务业增加值占国内生产总值比重提高4个百分点。城镇化率提高4个百分点，城乡区域发展的协调性进一步增强。

——科技教育水平明显提升。九年义务教育质量显著提高，九年义务教育巩固率达到93%，高中阶段教育毛入学率提高到87%。研究与试验发展经费支出占国内生产总值比重达到2.2%，每万人口发明专利拥有量提高到3.3件。

——资源节约环境保护成效显著。耕地保有量保持在

18.18亿亩。单位工业增加值用水量降低30％，农业灌溉用水有效利用系数提高到0.53。非化石能源占一次能源消费比重达到11.4％。单位国内生产总值能源消耗降低16％，单位国内生产总值二氧化碳排放降低17％。主要污染物排放总量显著减少，化学需氧量、二氧化硫排放分别减少8％，氨氮、氮氧化物排放分别减少10％。森林覆盖率提高到21.66％，森林蓄积量增加6亿立方米。

——人民生活持续改善。全国总人口控制在13.9亿人以内。人均预期寿命提高1岁，达到74.5岁。城镇居民人均可支配收入和农村居民人均纯收入分别年均增长7％以上。新型农村社会养老保险实现制度全覆盖，城镇参加基本养老保险人数达到3.57亿人，城乡三项基本医疗保险参保率提高3个百分点。城镇保障性安居工程建设3600万套。贫困人口显著减少。

——社会建设明显加强。覆盖城乡居民的基本公共服务体系逐步完善。全民族思想道德素质、科学文化素质和健康素质不断提高。社会主义民主法制更加健全，人民权益得到切实保障。文化事业加快发展，文化产业占国民经济比重明显提高。社会管理制度趋于完善，社会更加和谐稳定。

——改革开放不断深化。财税金融、要素价格、垄断行业等重要领域和关键环节改革取得明显进展，政府职能加快转变，政府公信力和行政效率进一步提高。对外开放广度和深度不断拓展，互利共赢开放格局进一步形成。

抓"十二五"规划落实的成效如何，就是要看是否达到了上述这些预期的目标。

目标任务完成的情况，是领导干部是否抓好落实的直接体现。

目标有近期目标、远期目标，领导干部在抓落实中，要根据不同阶段的目标随时检查目标的达成情况。

（三）是否推动了科学的发展

发展是硬道理，但是，在新的历史时期，发展应该是科学的发展。

所谓科学发展，就是坚持以人为本，树立全面、协调、可持续的发展观，促进经济社会和人的全面发展。

以人为本，就是要把人民的利益作为一切工作的出发点和落脚点，不断满足人们的多方面需求和促进人的全面发展。

全面，就是要在不断完善社会主义市场经济体制，保持经济持续快速协调健康发展的同时，加快政治文明、精神文明的建设，形成物质文明、政治文明、精神文明相互促进、共同发展的格局。

协调，就是要统筹城乡协调发展、区域协调发展、经济社会协调发展、国内发展和对外开放。

可持续，就是要统筹人与自然和谐发展，处理好经济建设、人口增长与资源利用、生态环境保护的关系，推动整个社会走上生产发展、生活富裕、生态良好的文明发展道路。

领导干部抓落实，各项工作任务的完成，各项工作成效的取得，最终都要体现在以上这几个方面上，最终都要用上述的标准来衡量。

十五、抓落实，领导干部
要有真本领

抓落实，领导干部要有真本领。事实上，面对上级的决策，绝大多数的领导干部都是愿意抓好落实的。但却往往会出现"播下的是龙种，收获的是跳蚤"的情况。这是为什么？一个重要的原因，就是缺乏抓落实的真本领。

早在1939年，毛泽东同志就讲过："我们队伍里边有一种恐慌，不是经济恐慌，也不是政治恐慌，而是本领恐慌。"

抓落实，不仅要有"想抓"的激情，"狠抓"的决心，还要有"善抓"的本领。否则，热情再高，决心再大，也会因为"本领恐慌"而将落实抓空，完不成工作任务。因此，领导干部要善抓落实，需要锤炼抓落实的真本领。

善抓落实的真本领，不是单一的技巧，它是领导干部智慧、知识、经验、作风的综合反映。因此，领导干部要锤炼善抓落实的真本领，需要从各个方面做努力。

（一）注重读书学习，强化抓落实的意识

观念决定行为，行为决定结果。领导干部要狠抓落实、善抓落实，首先要有抓落实的意识。也就是说，抓落实的思想根植于内心，并形成一种自觉的行动。如何强化这种意识？注重读书学习是一个重要的途径。读书学习可以提高政治素养，锤炼道德操守，提升思想境界。"事有所成，必是学有所成；学有所成，必是读有所得"。

庄子说"水之积也不厚，则其负大舟也无力。"宋代著名思想家朱熹说："问渠哪得清如许，为有源头活水来。"渊博的文化知识就是负"大舟"的"水"，就是使河渠清如许的"活水"。

首先，读书学习可以让领导干部获取智慧的源泉。德国的克劳塞维茨在其《战争论》中指出："人的智力是通过他所接受的知识和思想培养起来的。"

的确，离开知识的积累，脱离知识的依托，是谈不上智力的开发，智慧的生成的。领导干部也是如此。知识是领导干部智慧的源泉。领导干部只有具有了广博的知识，具有了合理的知识结构，才能生成无尽的智慧。毛泽东同志之所以能高瞻远瞩，运筹帷幄，决胜于千里之外，是与他博览群书，具有渊博的知识分不开的。

其次，读书学习可以让领导干部具有隐形资本。知识不仅是领导干部智慧的源泉，还是领导干部善抓落实真本

领的隐形资本。正如一句广告语中所说的:"知识过去不过是解释记录世界,现在却在改变世界。"知识在改变世界的同时,也在改变着我们领导干部的本领。

实践证明,人所具有的本领与他所掌握的知识是成正比的关系。一般说来,一个人所掌握的知识越多,他对客观事物规律的认识就越深刻,他的预见能力、创新能力、判断能力等就会越强。

(二)加强道德修养,践行执政为民理念

我们在前面讲过,领导干部抓落实要牢牢把握住根本,即全心全意为人民服务,把以人为本、执政为民贯穿到抓落实之中,切实做到权为民所用、情为民所系、利为民所谋。简而言之,就是执政为民。

领导干部如何才能真正践行执政为民的执政理念,这需要加强道德修养。唐代著名书法家柳公权说:"心正笔则正。"鲁迅先生说:"美术家固然有精熟的技工,但尤须有进步的思想与高尚的人格。他的制作,表面上是一张画或一个雕像,其实是他的思想与人格的表现。"

心正则行为端。领导干部只有具有高尚的思想道德品质,才能执政为民,立党为公,清正廉洁。敢于抓落实,抓好落实。古人就强调"修身、齐家、治国、平天下"。因此,领导干部要锤炼抓落实的真本领,必须加强自身的思想道德品质修养,使自己的思想道德水平进一步地提高。

首先,坚定理想信念。理想是一个人的政治信仰和世界观、价值观、人生观在奋斗目标上的具体体现。是领导干部学习、工作、生活的指南和动力,是领导干部生活、事业上的精神支柱。

作为党的领导干部必须坚定共产主义的理想信念,树立正确的世界观、人生观和价值观,严格按照党章的要求、为人民服务的宗旨和廉洁自律的各项规定,自我约束,自我管理,站在党性和党的原则立场上,站在人民的立场上,为党为人民的根本利益用好权、掌好权,也只有这样,才能自觉抵制拜金主义、享乐主义和极端个人主义思想的侵蚀,抓好落实。

陶铸在《思想·情操·精神生活》一书中说:"一个没有崇高的共产主义理想的人,好像迷失了路途一样,不但不知道明天走到哪里,做什么,就是连今天做什么,为什么要这样做都弄不清楚。"陶铸的话是非常中肯的。

只有方向明确,信念坚定,道德高尚,操守廉洁,才能赋予领导干部以活的灵魂。可以肯定地讲,一个精神颓废,终日浑浑噩噩的领导干部是抓不好落实的。

其次,坚持实事求是。1941年5月,在延安干部工作会议上,毛泽东同志作了《改造我们的学习》的报告。在报告中,他对"实事求是"作了如下的阐述:

"'实事'就是客观存在着的一切事物,'是'就是客观事物的内部联系,即规律性,'求'就是我们去研究。我们要从国内外、省内外、县内外、区内外的实际情况出发，从其中引出其固有的而不是臆造的规律性，即找出周围事物的内部联系，作为我们行动的向导。"

毛泽东同志的精辟论述言简意赅地揭示了马克思主义科学观的实质，集中体现了辩证唯物主义和历史唯物主义的根本要求。正如邓小平同志所说："马克思、恩格斯创立了辩证唯物主义和历史唯物主义的思想路线，毛泽东同志用中国语言概括为'实事求是'四个大字。"① 邓小平同志还说："毛泽东同志在延安为中央党校题了'实事求是'四个大字，毛泽东思想的精髓就是这四个字。毛泽东同志所以伟大，能把中国革命引导到胜利，归根到底，就是靠这个。"②

实事求是是毛泽东思想的精髓，也是领导干部认识新事物、适应新形势、抓好落实的思想武器。

第三，坚持党的宗旨。全心全意为人民服务是我党的根本宗旨，又是我们共产党人的人生最高追求。有了这一追求，领导干部才能始终以一个人民公仆的身份出现，权为民所用，利为民所谋，情为民所系。

第四，保持清正廉洁。改革开放以来，由于多方面的原因，我们党的干部队伍中腐败现象逐渐严重起来。

---

① 《邓小平文选》第 2 卷，人民出版社 1994 年版，第 278 页。
② 《邓小平文选》第 2 卷，人民出版社 1994 年版，第 126 页。

腐败现象严重损害了党和政府的形象，损害了人民群众的利益，影响了党同人民群众的密切联系，影响了领导干部抓落实的成效。现在群众议论最多、意见最大、反映最强烈的就是少数领导干部的腐败行为。

腐败现象，是当前影响领导干部道德品质建设的最突出的问题。因此，培养高尚的道德品质，践行执政为民理念，必须深入开展反腐败斗争，保持清正廉洁。如何保持清正廉洁？

一是要能自重自省。自重，就是重视自己的道德尊严和人格形象。自省，就是要经常反省、检查自己的言行，看自己是否犯有道德上的过错，找出自己的不足，并采取措施加以克服和纠正。孔老夫子说他是"吾日三省吾身"，实际上，我们不用做到"三省"，能在每天晚上夜深人静之时，对照着道德规范反省自己一次，也是不错的。

二是守住第一道防线。明朝人张瀚在他所撰写的《松窗梦雨》中，讲过这样一个故事：

张瀚初任右副都御史时，前去参见左都御史王廷相。王廷相给他讲了一则"乘轿见闻"。王廷相说：

我昨天乘轿进城，途中遇雨。有位轿夫穿着一双新鞋。开始时，他"择地而蹈"，害怕泥水弄脏了新鞋。后来，他一不小心踏进了泥坑，于是，就"不复顾惜"了。

讲完这段见闻之后，王廷相感慨地说："居身之道，亦犹是耳，倘一失足，将无所不至矣！"

张瀚说，他"退而佩服公言，终身不敢忘"。

很显然，王廷相是想用这个故事告诉张瀚，要"慎初"，否则，一失足就会滑向罪恶的深渊。正如北宋理学家、教育家程颐所说："一念之欲不能制，而祸流于滔天。"

三是勿以恶小而为之。集腋成裘，聚沙成丘。小善积多了，也能成为利天下的大善；而小恶做多了，也能成为毁天下的大恶。"尺蚓穿堤，能漂一邑；寸烟继突，改灰千室"。

那些落马的领导干部并非是一开始就"病入膏肓"的，而是一点点沦为阶下囚的。

因受贿罪被判处无期徒刑的河南省交通厅原厅长石发亮，在悔过书中，曾经把有所企图腐蚀拉拢领导干部的行为概括为12个"一下"，即"逢年过节看望一下，住院治病慰问一下，家人生日祝贺一下，出国考察支持一下，家有丧事凭吊一下，乔迁新居意思一下，孩子结婚（升学）表示一下，已提拔者感谢一下，想提拔者争取一下，关系好的加深一下，关系一般的亲近一下，暂无求者铺垫一下"。

这12个"一下"，每个"一下"都是对领导干部的严峻考验，每个"一下"都是一个关口。领导干部要保持清正廉洁，对此不能不谨慎。

四是要抵得住诱惑。某日，我闲读《韩非子·外储说右下》。在书中，我看到了这样一则故事：

战国时，鲁国的丞相公仪休爱好吃鱼。于是，鲁国的人争相购买鱼送给他。但是，公仪休却从来不接受任何人的馈赠。

他弟弟奇怪地问："您喜欢吃鱼，为什么人家给您送鱼您却不接受呢？"

公仪休回答说："正因为我喜欢吃鱼，我才不接受。我如果接受了别人送的鱼，就要看人的脸色行事。看人的脸色行事，将会徇私舞弊，贪赃枉法。徇私舞弊，贪赃枉法，相位就会被罢免。相位被罢免，他们就不会再给我送鱼，我也不能再有俸禄买到鱼。如果我不接受别人送的鱼，我就不会被免职，即使我爱吃鱼，我也能用俸禄买鱼。"（公孙仪相鲁而嗜鱼，一国尽争买鱼而献之，公仪子不受。其弟谏曰："夫子嗜鱼而不受者，何也？"对曰："夫唯嗜鱼，故不受也。夫即受鱼，必有下人之色；有下人之色，将枉于法；枉于法，则免于相。虽嗜鱼，此不必致我鱼，我又不能自给鱼。即无受鱼而不免于相，虽嗜鱼，我能长自给鱼。"《韩非子外储·外储说右下》）

读罢这则故事，我很感叹。感叹这位古代封建官吏的清醒。他深知，如果抵不住眼前的诱惑，便会失掉未来的幸福。所以，他从来不接受任何人的馈赠。

感叹我们有些受党教育多年的领导干部为什么竟会如此之"糊涂"？他们明知别人的"馈赠"是钓饵，是有求于自己，但却"明知山有虎，偏向虎山行"。结果，被老虎吃掉，自己悔之晚矣。比如原乐山市副市长李玉书就是如此。

李玉书在狱中常常叹息："我走到这一步，都是朋友害的啊！"他骂起了众多"拉自己下水"的狐朋狗友，也悔恨自己学法太浅，法治观念太淡薄，骂着骂着已是泪流满面。

现在的社会，是一个物欲横流的时代。在这物欲横流的世界里，诱惑实在是太多。权力的诱惑、金钱的诱惑、美女的诱惑，不一而足。领导干部稍不留意，就会在这些诱惑面前落马，走进地狱之门。所以，不能不谨慎行之。

（三）培养良好作风，提升抓落实的效能

某日，我的手机上收到一条短信。短信言："人生三度，工作方面，能力不敌态度；做人方面，精明不敌气度；做事方面，速度不敌精度。"

我觉得这"人生三度"说得非常之好。联想到领导干部抓落实的问题，从某种意义上来讲，也有"能力不敌态度"的问题。

要论证"能力不敌态度"的观点，咱们有必要先来看一看2010年8月18日《新华日报》的一篇新闻报导。下面是报导的内容：

7月24日中午，一辆外地卡车从南通市区交通要道口经过时，意外坠落一块楼板。

当日12时47分，"12345"值班人员接到一个求助电话：在市区长江南路五山公寓路口西侧快车道上，有一整

块楼板横在马路上，存在明显事故隐患，请有关部门迅速到现场处置。

在核实准确方位的基础上，"热线"紧急"派单"到城管部门，但城管回应称"整块楼板不好处理，城建部门应该可以处理"。于是，"派单"电话打到城建热线。城建热线一位戴姓值班干部反馈：按职责此事属于城管。第三次电话通知城管后，一位姓王的先生称因没有器械将楼板抬起，还是应该由城建部门处理。6轮互推后，"皮球"被踢给了环卫部门，该部门一位姓金的班长回复，环卫只能清理路面小型抛洒物，由于该楼板体积较大属于路面障碍物，已超出他们可清理的范围。

这样的"皮球"一踢就是4天。到28日，楼板还躺在路上无人问津。无奈之下，"热线"的第8个电话打给了公安110。公安迅速回复：民警已及时设立了警示标志，并正在处理。随后把楼板从路面移到了绿化带内，但如需彻底清障，需要其他部门配合。

"处理这件事情的经过，让我们筋疲力尽。"一位"热线"工作人员说，"我们实在不知怎么向市民解释。"

记者在调查中了解到，这些部门没有一家口头上不高度"重视"的，而且，还把这种"重视"体现到"行动"上。公安部门提供的现场监控录像显示：在4天"热线"交办过程中，有关部门也曾派人实地"察看"。然而，镜头中相关单位"领导"仅仅是在事发现场东瞧瞧、西望望，指指点点，然后什么表示也没有就走了。如此这般，先后有三拨人马来过。

28日下午，该市信访局和政府服务热线的工作人员不放心，专门赶到现场看办理结果，发现被公安移到绿化带内的楼板已被搬走。经打听得知，绿化带中的楼板原来还是附近一女店主自掏腰包请人搬走的。这位不肯透露姓名的热心市民说，这部门、那单位，来了好几拨，东指指，西点点，就是不动手。我一想，算了，自己出点钱请人帮个忙，以免不知情的人脚下不注意撞上去。

8月5日，南通市信访局主持"关于一块楼板处置过程"情况通报会，令人大跌眼镜的是，相关部门不仅不检讨，反而拿出政府赋予的职责权限文件"振振有词"表白责不在己。

这篇报道的基本线索是：市政府服务热线接到电话：有一整块楼板坠横落在马路上，存在明显事故隐患。于是，热线开始处理：城管称"城建部门应该可以处理"，城建称"按职责属于城管"，环卫称"已超出他们可清理范围"，公安称"正在处理，彻底清障还需其他部门配合"。"皮球"踢了4天，最后有群众自掏腰包请人搬走楼板。事后，相关部门还拿出政府赋予的职责权限文件，称"责不在己"。

真的是"力量不足、需要配合"？真的是"责不在己"？显而易见，不是权限问题、能力问题，而是工作作风态度问题。

我曾经去南通市做过调研，还做过南通市社会发展的案例。南通人认为，南通市的政府效能建设一直是走在全国先进行列的。一个走在全国先进行列的地方，为什么还会发生这样的事情？这件事情发生之后，南通市的一位领导同志讲，"这暴露出南通机关作风建设其实还有很多需要改进的地方。"

这句话说到了根本上。因为干部作风存在着问题，有很多需要改进的地方，所以，遇事相互推诿，不负其责。

据了解，南通市委、市政府对这一报道是高度重视的。他们在第一时间连续两次召开专题会议，责成相关部门以党报监督为镜鉴，迅速采取措施切实整改。同时，要求市级机关举一反三，把"一块挡道楼板"作为改进机关作风的"一面镜子"。

由此，我们也可以看出作风建设与抓落实效能之间的关系。干部作风和抓落实的效能是辩证统一的关系。抓落实的效能是干部作风状态的综合反映，干部的作风状态决定抓落实的效能。作风是效能的前提，效能是作风的结果。作风正，效能高；作风歪，效能低。

因此，领导干部要锤炼抓落实的真本领，需要树立良好的作风，即胡锦涛总书记在中纪委第七次全体会议上所强调的八大作风：勤奋好学、学以致用；心系群众、服务人民；真抓实干、务求实效；艰苦奋斗、勤俭节约；顾全大局、令行禁止；发扬民主、团结共事；秉公用权、廉洁从政；生活正派、情趣健康。

十六、抓落实，领导干部要带头落实

领导干部善抓落实的路径与方法是多种多样的，但有一个重要的路径与方法不容忽视。这就是领导干部要带头去落实。富兰克林说："一个良好的示范，才是最佳的训词。"俗话说："喊破嗓子，不如干出样子。"

（一）带头落实，重要的工作方法

领导带头，是我党开展各项工作的一条基本经验，也是抓好落实的一项重要工作方法。

有人说，中国共产党和国民党的将领有一个重要的区别就是：共产党的领导常说"跟我来"，而国民党的官员则常说"给我冲"！这也正是国民党失败的一个重要原因。

共产党人能够身先士卒，以身作则，而国民党人则是让士兵在前，自己明哲保身，岂有不败之理？

历史的经验值得记忆。领导干部抓落实，一定要牢记"领导带头"这条基本经验。如果忘记了，是会付出代价的。例如：

国内有一家制药厂，准备引进外资，扩大生产规模。为此，他们邀请德国拜尔公司派代表来药厂进行考察。

在会客室，药厂的厂长同拜尔公司的代表初步达成了合作的意向。但在参观考察了制药车间之后，拜尔公司的代表却提出中止正在进行的谈判。

原来，这家药厂的厂长在陪同拜尔公司的代表考察制药车间时，随地吐了一口痰。这个场景被拜尔公司的代表看到了。他认为，制药车间对卫生有严格的要求，作为一厂之主的厂长尚且随意不遵守规定要求，其他的员工可想而知。与这样的制药厂合作，是无法保证产品质量的。于是，他果断地停止了与这家药厂的合作谈判。

这个故事能引起我们许多思考。其中一个重要的思考就是：抓落实，领导干部必须身体力行去带头落实。前苏联著名教育理论家苏霍姆林斯基说："当学生发现你的教育是在教育他的时候，你的教育是苍白的。"

首先，想要群众理解的，领导干部首先要理解。落实，离不开对上级方针、路线和政策的理解，离不开对上级战略决策和战略目标的把握。只有理解了上级的方针、路线和政策，把握了上级的战略决策和战略目标，才能使落实不偏离航向，沿着正确的轨道前进。

因此，领导干部要带头认真学习上级的方针、路线和政策，深入了解上级的战略决策，正确把握上级的战略目标。

其次，想让群众做到的，领导干部首先要做到。领导心理学研究证明，群众接受领导者的示范或暗示。领导干部如果要想使本组织的工作和任务落实到位，就必须以身作则。其身正，不令而行，其身不正，虽令不从。

以身作则，能使组织成员的行为方式朝着领导目标的方向转变并发展，能增强组织成员的凝聚力，从而激发出他们落实的力量。

近些年来，我一直在琢磨一个问题：中国工农红军，为什么能冲破国民党几十万大军的围追堵截，忍受着饥渴寒冷的煎熬，翻越地球上最罕见的险峻峰峦，穿越地球上最难行的沼泽沟壑，用足迹踏出人类不曾有过的奇迹？

思来想去，我认为，有一个非常重要的原因，就是红军指挥员的身先士卒。记得看过这样一个故事：

将军和长征队伍一起在云中山迎着飞雪艰难地向前迈进。忽然有人向将军报告："前面发现一个冻死的人。"

这是一个已经冻僵了的老战士。他穿着像树叶一样单薄、破旧的衣服，一动不动地倚靠着一棵光秃秃的树干坐着。

将军见此情形，怒不可遏，像一头发怒的豹子吼叫道："警卫员，叫军需处长跑步上来。"

谁知，有人对将军小声地说了一声："这就是军需处长，他把所有能御寒的东西都发给别人了。"

将军正要发火的手势突然停住了。他怔怔地伫立了足有一分钟。雪花无声地落在他的脸上，融化成了闪烁的泪珠。

这是一个非常震撼人心的故事。红军指挥员身先士卒的形象跃然纸上。有这样身先士卒的指挥员，中国工农红军还有什么沼泽沟壑不能穿？还有什么险峻峰峦不能翻越？

在联想集团，则一直流传着这样一个故事：联想有一条规则，开20人以上的会议，如果迟到，要罚站一分钟。

这一规则刚刚制定下来，柳传志原来的老领导就迟到了。不用说，罚站一分钟。

罚站时，老领导紧张得一身汗，柳传志本人也一身汗。柳传志跟他的老领导说：您先在这儿站一分钟，今天晚上我到您家里给您站一分钟。柳传志本人也被罚过三次。

联想为什么能由一个20万元的小企业，发展成为拥有上百亿资产的大企业，成为中国电子行业的龙头老大，无疑是跟领导干部以身作则分不开的。

所以，想让群众做到的事情，领导干部自己要先做到。领导者做到了，群众不会不做。大家同心同德，没有克服不了的困难，没有过不了的火焰山，没有落实不了的工作任务。

第三，要求群众不做的，领导干部首先要不做。律人先律己。要求群众不做的事情，领导干部要带头遵守禁令。否则，不许百姓点灯，自己却在放火，怎么能服众？

但是，实事求是地讲，现在"有禁不止"的现象却非常的严重。比如，中央三令五申，不准用公款游山玩水，大吃大喝。但对此置若罔闻的，屡见不鲜。正像有的人所说的："几十个文件管不住两条腿，一张嘴。"

（二）带头落实，要有行动力

我们这一章的主要观点是：领导干部抓落实要带头落实。带头落实不是一个空洞的口号，它需要领导干部扎扎实实地去行动。古人云："志行，为也"。理想付诸行动，才是有所作为。

首先，行动是成功的秘诀。有人曾经问一位成功的企业家："您成功的秘诀是什么？"这位企业家回答："我的成功有三点：第一是行动；第二还是行动；第三仍然是行动。"

正确的目标确定之后，行动就是成功的秘诀。有人说，栽一棵树的最好时间是 20 年前，第二个最好的时间就是现在。在犹太教典《塔木德》上，还曾记载过这样一个故事：

三只青蛙掉进了鲜奶桶中，第一只青蛙说："这是神的意志。"于是，它盘起后腿，一动不动，静静地等待着。

第二只青蛙说："这桶太深，没有希望出去了。"于是，它在绝望中慢慢死去。

第三只青蛙说："尽管掉到鲜奶桶里，可我的后腿还能动。"于是，它奋力地往上跳起来。它一边在奶里划，一边跳，慢慢地，它觉得自己的后腿碰上了硬硬的东西，原来是鲜奶在青蛙后腿的搅拌下，渐渐地变成奶油了。凭着奶油的支撑，第三只青蛙跳出了奶桶。

第一只和第二只青蛙都是坐以待毙，而第三只青蛙凭着自己的努力，跳出了奶桶。这就是行动和不行动的最本质区别。

其次，不行动是零的收获。落实，你行动了，再有困难，至少有50%的成功概率；如果你再坚持不懈地行动，你就会有更大的成就；如果不行动，坐而论道，那就是零的收获。要消灭"零收获"，就要起来行动。记住，不行动者总是失败者。

（三）带头落实，要会正确行动

领导干部抓落实，要带头落实。带头落实，需要行动。但这种行动不是盲目的行动，而是清醒而正确的行动。盲目行动就会"盲人骑瞎马，夜半临深池。"

首先，正确行动要正确理解党的路线方针政策。落实党的路线方针政策，首先要正确理解，在吃透精神、系统把握的基础上，坚决而忠实地予以落实。否则，理解错误，或断章取义，就会南辕北辙。

清朝雍正年间曾经发生过这样一件事：有位名叫童华的人，从浙江调到苏州为知府。当时，皇帝下诏书，要清查自康熙五十一年（1712年）以来江苏地区拖欠的一千二百余万的税款问题。

　　江苏巡抚接到圣旨，认为应该严加追缴。于是，就要求欠税的人几天内要交清，否则，就予以逮捕。结果抓了一千多人。

　　童华请求宽限。巡抚大怒。斥责他说："你敢违抗圣旨吗？"童华说："我不是违抗圣旨，而是落实圣旨。皇上知道有多年的欠税问题，他没有下令严追，而是下令清查。下令清查，就是想弄清来历，查明原因。是在官，还是在民；是应征，还是应免。搞清楚之后，奏请圣上裁决，这是圣旨的本意。现在如果不弄清圣上的本意，就要求将15年的积欠马上解决，这是横征暴敛，不是清查。现在请您宽限三个月，将情况搞清楚，上奏圣上。"（"华非逆旨，乃遵旨也。皇上知有积欠，不命严追，而命清查，正欲晰其来历，查其委曲，或在官，或在民，或应征，或应免，了然分晓，奏请圣裁，诏书意也。今奉行者绝不顾名思义，徒以十五年积欠力求完纳，是暴征，非清查也。今请宽三月限，当部居别白，分牒以报。"《清史列传·童华传》）

　　巡抚答应了他的请求，释放了一千多人。并将江苏欠税的情况登记造册上奏朝廷。

　　当时，朝廷也听说江苏巡抚严查的事。皇上很生气，下令要严加处理。圣旨的本意果然如童华所言。

　　我们看，在如何落实圣旨的问题上，巡抚与知府之所以出现严重的分歧，其原因就在于对皇上旨意理解的不同。

巡抚认为"清查",就是要严加追究;知府认为"清查",是弄清来历,查明原因。

按照巡抚的理解,就会造成横征暴敛、民怨沸腾、政局不稳的严重后果。幸亏童华说服了巡抚,让他纠正了落实执行中的错误行为。

其次,要紧密结合本地区、本单位、本部门的实际去落实。具体问题具体分析是马克思主义活的灵魂。落实,必须学会具体问题具体分析,原则性与灵活性相结合。

事实上,中央的每一项政策,都是面向全国960万平方公里、13亿多人口的,不可能是解决每一个地方的具体措施。因此,落实,一定要把中央的精神和当地的实际紧密结合起来,创造性地开展工作。

最后,我们引用周恩来同志的一句话来结束本书:"坐着谈,何如起来行!"各级领导干部都应该主动"起来"行动去落实,积极行动起来去抓落实!

主要参考书目

1. 西武：《做事做到位》，中国民航出版社 2004 年版。
2. 王健：《超越性思维》，复旦大学出版社 2003 年版。
3. 刘玉瑛：《关键在于落实》，新华出版社 2006 年版。
4. 刘玉瑛：《落实要讲方法》，新华出版社 2007 年版。
5. 刘玉瑛：《做事要讲规则》，新华出版社 2007 年版。
6. 牛晶晶：《执行——高效能地完成任务》，朝华出版社 2005 年版。
7. 周殿富：《领袖政治学》，吉林人民出版社 2007 年版。
8. 陈国明：《责任关键在落实》，石油工业出版社 2009 年版。